WORKBOOK / LABORATORY MANUAL

FOUNDATION COURSE IN SPANISH

WORKBOOK / LABORATORY MANUAL

FOUNDATION COURSE IN SPANISH

EIGHTH EDITION

Laurel H. Turk

DePauw University, *Emeritus*

Carlos A. Solé, Jr.

University of Texas, Austin

Aurelio M. Espinosa, Jr.

Stanford University, *Emeritus*

Prepared by Aurelio M. Espinosa, Jr.

D. C. Heath and Company
Lexington, Massachusetts   Toronto

Address editorial correspondence to:

D. C. Heath and Company
125 Spring Street
Lexington, MA 02173

Published simultaneously in Canada.

Printed in the United States of America.

International Standard Book Number: 0–669–27392–9

10 9 8 7 6 5 4

Preface

The *Workbook/Laboratory Manual* for *Foundation Course in Spanish*, Eighth Edition, is designed to assist in the development of students' command of the grammatical, phonological, and lexical elements of the student text. The exercises also build students' writing and listening skills, which are central to a basic proficiency in Spanish. The first half of this component consists of the Workbook; the Laboratory Manual makes up the second section. The manual has been revised to accommodate changes in the grammar sequence and content of *Foundation Course in Spanish*, Eighth Edition.

In each Workbook lesson, a variety of exercises and activities reinforce, in written form, the structures and vocabulary of the corresponding text lesson through four categories of practice: vocabulary, grammar, personal questions, and guided composition. Following Lessons 5, 8, 12, 14, 18, and 20, the Workbook also provides supplemental vocabulary and reading comprehension exercises for the text's **Lecturas**. The vocabulary exercises and guided compositions are, respectively, the first and last activities of each Workbook lesson. In the former, students focus on words and expressions introduced in the textbook dialogues through fill-in-the-blank, multiple choice, and sentence-writing exercises. In the latter, students express themselves using the structures and vocabulary of the text lessons by completing dialogues, writing letters, and drafting short compositions.

For ease of identification, grammar exercises appear under the same heading used in the **Notas gramaticales** sections of the student text. This allows students to quickly refer to their text, if needed, as they work through the exercises. It also enables instructors to locate and assign exercises expeditiously for homework or in-class assignments.

The personal questions are organized around the theme of each text lesson and are aimed at eliciting individualized—hence varied—responses based on students' actual experiences and opinions. In approaching this activity, students are encouraged to reuse previously studied structures and vocabulary to create linguistically accurate and personally relevant answers.

The Eighth Edition of the Laboratory Manual consists of a great number and variety of listening and writing exercises for the twenty-two regular lessons of the textbook, the preliminary lesson, the five **Repasos**, and the four **Conversaciones** of the student text. To best utilize the Laboratory Manual, it is important to understand the organization of the Cassette Program, which contains sixteen 90-minute tapes. For each textbook lesson, the recorded material is presented in three successive sections. First, **Diálogos** and **Pronunciación** concentrate on the dialogues, questions on the dialogues, and pronunciation sections of the corresponding text lesson. Lessons 1–2 provide paused versions of the dialogues for student repetition. Second, a series of mechanical exercises for listening and speaking practice, entitled **Actividades y práctica**, reinforce the grammar points of each text lesson. Third, a variety of activities under the heading **Para comprender y escribir** focus on the vocabulary, structures, and cultural topics of the text lessons while developing listening comprehension skills in combination with writing tasks.

Cassette icons in the student text indicate that the material is recorded on the Cassette Program. For the taped dialogue practice and pronunciation sections, students may refer to their textbook if they or their instructors prefer.

The **Actividades y práctica** section is designed to be done without reference to the student text. These grammar exercises sometimes duplicate text exercises, which are marked by an icon in the student text; others are completely new exercises. All direction lines have been streamlined to focus on the grammar practice at hand.

The **Para comprender y escribir** sections are designed to be used in conjunction with the Laboratory Manual. Here, students find the cues and writing lines needed for completing all listening comprehension activities. These activities take on a variety of formats—true/false, multiple choice, creating new sentences from cues, answering questions, circling related words, indicating which words do not belong in a group of given words, generating synonyms or antonyms, and dictations. Of special note is the culminating activity of each **Para comprender y escribir** section, which focuses on students' progress in overall listening comprehension skills. Through Lesson 11, students listen to brief dialogues that are different from the dialogues of the student text. All dialogues have been rewritten and simplified to control structures and vocabulary. A true/false comprehension check to be done in conjunction with the Laboratory Manual is provided. In Lessons 12–22, the listening comprehension passage is a recorded rendition of the Spanish **Notas culturales** of the textbook. They, too, are followed by a true/false comprehension check.

The recorded materials for the text's **Repasos** consist of listening and writing activities stressing cumulative vocabulary practice to be done in conjunction with the Laboratory Manual and of listening and speaking exercises on key grammatical concepts. The **Conversaciones** are recorded in manageable segments, each of which is followed by a comprehension check in the Laboratory Manual. For additional listening practice, the last two tapes in the Cassette Program contain a recorded version of the textbook's **Lecturas**.

Answers to the **Para comprender y escribir** activities are provided after the Laboratory Manual to allow students to work independently in the laboratory and to give them immediate feedback on their work. Answers to all other recorded activities are given on tape after each item, and adequate time is allowed for students to repeat the correct answer. The answers to the Workbook exercises are printed in the *Instructor's Annotated Edition* so that instructors may handle exercise corrections in the manner best suited to their teaching styles and their institution's philosophy. A printed transcript of all recorded material is available from the publisher, and the Cassette Program is also available for student purchase.

The author would like to thank the Modern Languages Editorial Staff of D. C. Heath and Company for its help in preparing this manuscript.

Aurelio M. Espinosa, Jr.

Contents

Workbook

Lección 1	1	Lectura 3	67
Lección 2	5	Lección 13	69
Lección 3	9	Lección 14	75
Lección 4	13	Lectura 4	81
Lección 5	17	Lección 15	83
Lectura 1	21	Lección 16	91
Lección 6	23	Lección 17	97
Lección 7	27	Lección 18	103
Lección 8	33	Lectura 5	109
Lectura 2	39	Lección 19	111
Lección 9	41	Lección 20	117
Lección 10	47	Lectura 6	123
Lección 11	53	Lección 21	125
Lección 12	59	Lección 22	133

Laboratory Manual

Lección preliminar	141		
Lección 1	143	Lección 13	173
Lección 2	145	Conversación 2	175
Lección 3	147	Lección 14	177
Lección 4	149	Lección 15	179
Lección 5	151	Repaso 3	181
Repaso 1	153	Lección 16	183
Lección 6	155	Conversación 3	187
Lección 7	157	Lección 17	189
Lección 8	159	Lección 18	191
Lección 9	161	Lección 19	193
Conversación 1	163	Repaso 4	195
Lección 10	165	Lección 20	197
Repaso 2	167	Lección 21	199
Lección 11	169	Conversación 4	201
Lección 12	171	Lección 22	203
		Repaso 5	205

Laboratory Manual Answer Key
207

Workbook

Lección 1

I. Syllabification, word stress, and linking

A. Review the division of words into syllables and word stress (**Text, Lección preliminar**); then rewrite the following words, dividing them into syllables (by means of a hyphen) and underlining the stressed syllables, following the model.

MODEL: estudiamos → **es-tu-dia-mos**

1. hablo _____
2. bastante _____
3. lecciones _____

4. ellos _____
5. practicar _____
6. ejercicio_____

B. Review breath groups and linking (**Text, Lección 1**); then rewrite the following sentences, each of which may be considered one breath group, dividing them into syllables, indicating the linking sounds between words by means of a linking sign (◡) and underlining the stressed syllables, following the model.

MODEL: ¿Hablan ustedes español? → **¿Ha-bla-n◡us-te-de-s◡es-pa-ñol?**

1. Ya hablamos un poco. _____
2. ¿Qué estudian los alumnos? _____
3. ¿Él enseña alemán? _____

II. Vocabulary practice

Find among the following words the Spanish equivalent of each English word and write it in the space provided:

el alemán	bastante	la palabra	ahora
la lengua	enseñar	la lección	también
otro	pero	ya	la tarde

1. *language* _____
2. *but* _____
3. *also* _____
4. *already* _____
5. *German* _____

6. *afternoon* _____
7. *word* _____
8. *to teach* _____
9. *other* _____
10. *enough* _____

III. Subject pronouns

Supply the corresponding subject pronouns when necessary:

1. _____ hablamos español en clase.

2. _____ no hablamos inglés en clase.

3. _____ estudias francés y _____ estudio italiano.

4. _____ (*emphatic*) practico portugués con la familia.

5. _____ (*formal*) habla francés en casa.

6. _____ (*m. sing.*) y yo necesitamos estudiar más.

7. _____ (*f.*) preparan los ejercicios en el laboratorio.

8. _____ (*f.*) estudia inglés y _____ (*m.*) estudia japonés.

9. _____ practicas un poco, pero _____ (*m.*) practican mucho.

10. Carmen, ¿estudia _____ (*formal*) todos los días?

IV. The definite article, and gender and number of nouns

A. Write the corresponding definite article; then change the definite articles and the nouns to singular or plural, as required:

1. _____ profesor _____

2. _____ clase _____

3. _____ expresión _____

4. _____ lengua _____

5. _____ alumnos _____

6. _____ día _____

7. _____ palabras _____

8. _____ universidad _____

9. _____ lecciones _____

10. _____ ejercicio _____

B. Supply the definite article when necessary:

1. No hablamos _____ inglés en la clase de _____ español.

2. _____ profesora habla _____ español con _____ alumnos.

3. Ella enseña muy bien _____ francés y _____ español.

4. Los alumnos practican _____ ejercicios en _____ clase.

5. Ustedes estudian _____ italiano y ella estudia _____ inglés.

6. Preparamos _____ lecciones de _____ japonés en casa.

V. Interrogative and negative sentences

A. Write in the negative:

1. Ellas practican en casa. _____

2. Luisa necesita estudiar más. _____

3. Pronuncian bien el español. _____

4. Preparo el ejercicio en clase. _____

5. Nosotros hablamos japonés. _____

B. Write negative answers, following the model.

MODEL: ¿Habla ella inglés? → **No, señor (señora, señorita), ella no habla inglés.**

1. ¿Hablamos nosotros inglés en clase? _____

_____

2. ¿Practica usted mucho el español? _____

_____

3. ¿Pronuncian ellas bien el español? _____

_____

4. ¿Estudia él la lección de alemán? _____

_____

5. ¿Preparo yo los ejercicios en casa? _____

_____

C. Change the following statements to questions; then make the questions negative:

1. Yo enseño la clase. _____

_____

2. Tú estudias mucho. _____

_____

3. Ellas practican la lección. _____

_____

4. Mario pronuncia bien. _____

_____

5. Nosotros hablamos italiano. _____

_____

VI. Personal questions

Write answers to these questions, using complete sentences:

1. ¿Qué lengua estudiamos? _____

_____

2. ¿Quién enseña la clase? _____

_____

3. ¿Qué lengua habla usted en casa? _____

_____

4. ¿Pronuncia usted bien el español? _____

_____

5. ¿Estudia usted las lecciones todos los días? _____

_____

6. ¿Qué otra lengua estudia usted en la universidad? _____

_____

VII. Writing activity

Complete the missing lines of the dialogue, using grammar and vocabulary learned thus far:

PROFESOR(-A)	—Buenos días, (. . .). ¿Cómo está usted?
USTED	—_____
PROFESOR(-A)	—Usted pronuncia bastante bien el español. ¿Practica usted los ejercicios de pronunciación en el laboratorio?
USTED	—_____
PROFESOR(-A)	—¡Muy bien! ¿Estudia usted otras lenguas en la universidad?
USTED	—_____
PROFESOR(-A)	—Yo enseño francés también. ¡Hasta luego, (. . .)!
USTED	—_____

4

Lección 2

I. Breath groups and linking

Review breath groups and linking (**Text, Lección 1**); then rewrite the following sentences, dividing them into breath groups (by means of a vertical line) and into syllables, indicating the linking sounds between words by means of a linking sign (◡), and underlining the stressed syllables, following the model. Note that the prepositions de and en, and forms of the definite article are not pronounced as stressed words in Spanish.

MODEL: ¿Dónde tienen ustedes la clase de español?

<u>¿Dón</u>-de-<u>tie</u>-ne-n◡us-<u>te</u>-des | la-<u>cla</u>-se-de◡es-pa-<u>ñol</u>?

1. Estamos en una sala grande del edificio principal.

_____

2. Llega un grupo de estudiantes argentinos.

_____

3. Ellos aprenden inglés en los Estados Unidos.

_____

II. Vocabulary practice

Find among the following words the Spanish equivalent of each English word and write it in the space provided:

guapo	allí	llegar	la pizarra
aprender	hay	la pared	amarillo
el lápiz	verde	¿dónde?	¿cuántos, -as?
aquí	la ventana	el cartel	el cuaderno

1. *to learn* _____

2. *poster* _____

3. *wall* _____

4. *here* _____

5. *notebook* _____

6. *how many?* _____

7. *there is (are)* _____

8. *handsome* _____

9. *window* _____

10. *there* _____

11. *to arrive* _____

12. *pencil* _____

III. Present indicative of the irregular verbs <u>ser</u> and <u>tener</u>

Complete with the corresponding form of the present indicative tense of the verb:

(ser) 1. ¿De dónde _____ ustedes? 2. La familia de Ana _____ mexicana.

3. Ella y yo no _____ chilenos. 4. ¿_____ ellos estudiantes suramericanos?

(tener) 5. Yo _____ un cuaderno. 6. ¿_____ usted un lápiz?

7. Felipe y Carlos _____ que estudiar más. 8. Nosotros _____ que preparar los ejercicios.

IV. Forms and uses of the indefinite article

Supply the corresponding indefinite article when necessary:

1. El profesor tiene _____ mesa y _____ silla.
2. Yo tengo _____ libro y _____ cuaderno.
3. En la pared hay _____ pizarra y _____ carteles.
4. Carlos y Carolina son _____ mexicanos y Luisa es _____ española.
5. —¿Es Ana _____ profesora? —No, ella es _____ alumna.
6. El alumno que tiene _____ fotografías es _____ chileno.

V. Forms and agreement of adjectives

A. Write in the plural:

1. El profesor es francés. _____
2. ¿Es bueno el alumno? _____
3. Ella es muy inteligente. _____
4. La muchacha es mexicana. _____
5. El muchacho es español. _____
6. ¿Es chilena la profesora? _____
7. La casa es amarilla. _____
8. ¿Es verde el libro? _____
9. El lápiz no es rojo. _____
10. La pizarra no es blanca. _____

B. Complete each sentence with the corresponding form of the adjective; then rewrite each sentence in the singular or plural, as required:

1. (**negro**) La pizarra es _____ . _____

2. (**azul**) Los lápices son _____ . _____

3. (**amarillo**) Las paredes son _____ . _____

4. (**verde**) Las mesas son _____ . _____

5. (**inglés**) Los estudiantes son _____ . _____

6. (**bonito**) ¿Es _____ el edificio? _____

7. (**colombiano**) ¿Es _____ la estudiante? _____

8. (**francés**) ¿Es _____ la profesora? _____

VI. Personal questions

Write answers to these questions, using complete sentences:

1. ¿Es usted norteamericano (norteamericana)? _____

   _____

2. ¿Es de México el profesor (la profesora)? _____

   _____

3. ¿Es interesante el libro de español? _____

   _____

4. ¿Tiene usted que estudiar mucho? _____

   _____

5. ¿Qué hay en las paredes de la sala de clase? _____

   _____

6. ¿Come usted en casa o en la cafetería? _____

   _____

VII. Writing activity

Complete the missing lines of the dialogue, using the grammar and vocabulary learned thus far:

CARLOS   —¡Hola, Antonio! ¿Dónde tienen ustedes la clase de inglés?

ANTONIO   — _____

CARLOS   —¿Cómo es el profesor?

ANTONIO   — _____

CARLOS   —¿Hay otros estudiantes hispanoamericanos en la clase?

ANTONIO   — _____

CARLOS   —¿Cómo es la sala de clase?

ANTONIO   — _____

CARLOS   —Bueno, tengo que estudiar un poco. Hasta luego, Antonio.

ANTONIO   — _____

Lección 3

I. Vocabulary practice

Circle the item that does not belong in each series of words:

1. la cafetería / el comedor / el restaurante / la carta

2. el papel / el lápiz / el horario / la pluma

3. la pared / la alumna / la profesora / la compañera de clase

4. el lunes / el sábado / el muchacho / el viernes

5. la silla / la tarde / la noche / la mañana

6. la comida / el reloj / el almuerzo / el desayuno

7. el alemán / el portugués / el mapa / el francés

8. al mediodía / por la tarde / en clase / a medianoche

II. Present indicative of -ir verbs

Complete with the corresponding form of the present tense of the verb:

1. (**escribir**) —¿_____ Uds. los ejercicios ahora?

2. (**escribir**) —Sí, nosotros _____ los ejercicios ahora.

3. (**recibir**) —¿_____ Ud. muchas cartas?

4. (**recibir**) —Sí, yo _____ muchas cartas.

5. (**vivir**) Laura no _____ en la residencia.

6. (**vivir**) Laura y Ana _____ en un apartamento.

7. (**vivir**) Él y yo _____ cerca de la universidad.

8. (**escribir**) ¿Qué formas de los verbos _____ tú?

III. Present indicative of ir; ir a +infinitive

A. Complete with the corresponding form of the verb **ir** in the present indicative tense:

1. —¡Hola, Ana! ¿Adónde _____ (tú)?

2. —(Yo) _____ al apartamento de Carolina.

3. —¿_____ Carlos y Jorge también?

4. —No. Creo que Carlos _____ a la biblioteca.

B. Complete with the corresponding form of **ir a**:

1. —Tú y Laura _____ preparar la lección de español, ¿verdad?

2. —Sí, y (nosotras) _____ practicar los ejercicios también.

3. —Tú _____ tomar el almuerzo en el comedor, ¿verdad?

4. —Sí, (yo) _____ regresar a la residencia a eso de las doce.

IV. Cardinal numbers 1–32

Write in Spanish the following arithmetical problems, giving the solutions, as in the models.

MODELS: $11 + 6 = (\ldots) \rightarrow$ **once y seis son diecisiete**
$12 - 5 = (\ldots) \rightarrow$ **doce menos cinco son siete**
$5 \times 6 = (\ldots) \rightarrow$ **cinco por seis son treinta**
$20 \div 5 = (\ldots) \rightarrow$ **veinte dividido por cinco son cuatro**

1. $13 + 7 = (\ldots) \rightarrow$ _____

2. $18 + 6 = (\ldots) \rightarrow$ _____

3. $23 - 7 = (\ldots) \rightarrow$ _____

4. $26 - 9 = (\ldots) \rightarrow$ _____

5. $3 \times 9 = (\ldots) \rightarrow$ _____

6. $7 \times 2 = (\ldots) \rightarrow$ _____

7. $18 \div 6 = (\ldots) \rightarrow$ _____

8. $30 \div 10 = (\ldots) \rightarrow$ _____

V. Time of day

A. Looking at the clocks, answer in Spanish the question ¿**Qué hora es?** Add the expressions **de la mañana (tarde, noche)** or **en punto**:

1.　　　2.　　　3.　　　4.　　　5.　　　6.

1. _____

2. _____

3. _____

4. _____

5. _____

6. _____

B. Looking at the clocks, answer in Spanish the question ¿**A qué hora va Ud. a la universidad?** Add the expressions **de la mañana (tarde)** or **en punto**:

1. 2. 3. 4. 5. 6.

1. _____

2. _____

3. _____

4. _____

5. _____

6. _____

VI. Sentence formation

Form a sentence, making the necessary changes in the verb:

1. ir / de la mañana / a la universidad / Mario y yo / a las ocho

   _____

2. tomar el almuerzo / generalmente / Mario / con una compañera

   _____

3. estudiar / en la biblioteca / nosotros / dos horas / todos los días

   _____

4. dos muchachos / hay / hispanoamericanos / creo que / en nuestra residencia

   _____

5. muy bien / inglés / ellos / ¿no es verdad? / hablar y escribir / tener que

   _____

VII. Personal questions

Write answers to these questions, using complete sentences:

1. ¿Vive Ud. en un apartamento o en una residencia de la universidad? _____

   _____

2. ¿A qué hora toma Ud. el desayuno? _____

   _____

3. ¿Dónde toma Ud. el desayuno generalmente? _____

_____

4. ¿Cuántas clases tiene Ud. por la mañana? _____

_____

5. ¿A qué hora toma Ud. el almuerzo? _____

_____

6. ¿Prepara Ud. la lección de español por la tarde o por la noche?_____

_____

7. ¿A qué hora cena Ud. generalmente? _____

_____

8. ¿Va Ud. a la universidad todos los días? _____

_____

VIII. Writing activity

Complete the dialogue by writing in Spanish the missing exchanges, following the suggestions provided in parentheses:

LAURA   —Son las seis menos cuarto, Jorge. Tengo que regresar a la residencia.

JORGE   (*He's going to have a cup of coffee in the cafeteria.*)

—_____

LAURA   —Pero cenamos a las seis en las residencias.

JORGE   (*He doesn't live in a residence hall; he lives at home.*)

—_____

LAURA   —¿A qué hora regresas a casa?

JORGE   (*At about 8:30 P. M.; he needs an hour to arrive home.*)

—_____

LAURA   —Tú eres mexicano, ¿no es verdad?

JORGE   (*No, he's from Spain.*) —_____

LAURA   —Entonces ustedes cenan muy tarde, ¿verdad?

JORGE   (*Confirming her remark, he tells her when they eat supper and then takes leave of her.*) —_____

_____

LAURA   —Hasta mañana, Jorge.

Lección 4

I. Vocabulary practice

Find among the words below the antonym of each Spanish word in the list and write it in the space provided:

la ciudad	vender	allí	pequeño
poco	malo	la noche	el avión
tarde	fácil	menos	preguntar

1. el día _____

2. grande _____

3. contestar _____

4. difícil _____

5. temprano _____

6. comprar _____

7. bueno _____

8. aquí _____

9. mucho _____

10. más _____

II. Present indicative of <u>venir</u>, <u>querer</u>, and <u>saber</u>

A. Rewrite the following sentences, using the new subjects:

1. Jorge viene a nuestra residencia a las dos.

   (Tú) _____

   (Ellos) _____

2. Mario y yo venimos a clase todos los días.

   (Ella) _____

   (Yo) _____

3. ¿Quieres tú escribir en la pizarra?

   (Uds.) _____

   (Laura) _____

4. Nosotros queremos comprar una revista argentina.

   (Yo) _____

   (Ellos) _____

5. El dependiente sabe tu dirección.

   (Yo) _____

   (Ellas) _____

6. ¿Sabes tú si venden periódicos españoles aquí?

(Ud.) _____

(Uds.) _____

B. Complete with the corresponding form of the verb:

1. Yo (**querer**) _____ comprar un diccionario bilingüe. 2. Yo (**saber**)

_____ que para aprender palabras nuevas es necesario leer mucho. 3. Mi amigo

Jorge y yo (**querer**) _____ aprender bien el español. 4. Nosotros (**saber**)

_____ que venden libros extranjeros en la librería. 5. ¿(**Saber**)

_____ Ud. si venden periódicos mexicanos allí? 6. Creo que hay uno que (**venir**)

_____ todos los días. 7. Los periódicos españoles (**venir**) _____

por avión. 8. Yo (**venir**) _____ a la librería para mirar los libros nuevos.

III. Familiar <u>tú</u> commands

Change the infinitive to an affirmative command and then to a negative command, following the model.

MODEL: (**Leer**) la carta. → **Lee la carta. No leas la carta.**

1. (**Comprar**) la revista. _____

2. (**Vender**) el reloj. _____

3. (**Escribir**) las frases. _____

4. (**Regresar**) temprano. _____

5. (**Aprender**) la palabra. _____

6. (**Cenar**) aquí. _____

IV. Possessive adjectives

Write affirmative and then negative answers to the questions:

1. ¿Estudia Ud. su lección? _____

2. ¿Vas con tu profesor? _____

3. ¿Leen ellas mis cartas? _____

4. ¿Viene él con su amigo? _____

5. ¿Olvidan Uds. sus libros? _____

6. ¿Tienes tú mi lápiz? _____

7. ¿Sabe ella mi dirección? _____

8. ¿Vives con tu familia? _____

V. Position of adjectives

Rewrite, placing the adjectives in the correct position, following the model.

MODEL: mis / españolas - amigas → **mis amigas españolas**

1. los / difíciles - ejercicios _____
2. un / pequeño - país _____
3. las / francesas - alumnas _____
4. dos / cortos - artículos _____
5. mi / nuevo - reloj _____
6. unas / viejas - ciudades _____
7. Recibo / revistas - varias _____
8. Tenemos / amigas - muchas _____

VI. Uses of <u>ser</u>

Complete with the present indicative of **ser**, explaining briefly in the space provided, the reason for using **ser**:

1. Yo _____ una alumna nueva. (_____) 2. Nuestra universidad no _____ grande. (_____) 3. La residencia en que vivo _____ nueva. (_____) 4. Mis compañeras de cuarto _____ Ana y María. (_____)

5. Nosotras _____ compañeras de clase también. (_____)

6. Las clases _____ muy interesantes. (_____) 7. El profesor de español _____ de México. (_____) 8. No, creo que él _____ peruano. (_____) 9. Las lecciones no _____ fáciles. (_____) 10. _____ necesario estudiar mucho. (_____) 11. Pero, ¿qué hora _____? (_____) 12. Creo que _____ la una y media. (_____) 13. No, _____ las dos menos cuarto. (_____) 14. ¿Para quién _____ el ejercicio? (_____) 15. El ejercicio _____ para el profesor de español. (_____)

VII. Personal questions

Write answers to these questions, using complete sentences:

1. ¿Dónde compra Ud. los libros que necesita? _____

_____

2. ¿Es grande o pequeña la librería de la universidad? _____

_____

3. ¿Es necesario comprar un diccionario para la clase de español? _____

_____

4. ¿Venden libros extranjeros en la librería de la universidad? _____

_____

5. ¿Lee Ud. el periódico de la universidad todos los días? _____

_____

6. ¿Hay muchas noticias del mundo hispánico en el periódico de la universidad? _____

_____

7. ¿Hay más noticias de España y de México en los programas de televisión? _____

_____

8. ¿Sabe Ud. si el profesor de español recibe periódicos mexicanos? _____

_____

VIII. Writing activity

Write in Spanish five affirmative and five negative familiar commands that you could use in giving advice or instructions to a friend or classmate:

1. _____
2. _____
3. _____
4. _____
5. _____
6. _____
7. _____
8. _____
9. _____
10. _____

Lección 5

I. Vocabulary practice

A. Write complete sentences using the following initial phrases:

1. En (el) invierno _____

2. ¿Cuánto meses _____?

3. En el mes de enero _____

4. El otoño _____

B. Use the expressions within parentheses in complete sentences:

1. (estar de visita) _____

2. (estar ocupado, -a) _____

3. (ir de vacaciones) _____

4. (venir cansado, -a) _____

II. Present indicative of <u>estar</u> and <u>conocer</u>

Rewrite each sentence, using the new subject:

1. Mis padres están bien ahora. Nosotros _____

2. Tomás está de vacaciones. Yo _____

3. Ellas están cansadas. Mi hermano _____

4. Usted está contento, ¿verdad? Ustedes _____

5. María no conoce la ciudad. Ustedes _____

6. Tomás no conoce a María. Yo _____

7. Ellos no conocen Buenos Aires. Usted _____

8. Tú no conoces a Tomás. Nosotros _____

III. Uses of <u>estar</u>

Complete with the corresponding form of **estar**, explaining briefly in the space provided the reason for using **estar**:

1. Tu hermana María no _____ en la universidad ahora, ¿verdad?

(_____). 2. No, ella _____ en casa.

(_____) 3. Uno de mis hermanos _____ un

poco enfermo. (_____). 4. Yo _____ muy

bien. (_____) 5. Y tú, ¿cómo _____ ?

(_____) 6. Nosotros _____ de vacaciones en

Montevideo. (_____). 7. Montevideo _____

en el Uruguay. (_____). 8. Nosotros _____

muy contentos aquí. (_____).

IV. The present progressive forms

Given the person's (persons') location, write what the person (persons) may logically be doing at the moment, following the model; use different vocabulary in each sentence.

MODEL: La alumna está en la biblioteca. → **Ella está estudiando.**

1. Mi madre está en su cuarto. _____

2. Yo estoy en el comedor. _____

3. Su padre está en la oficina. _____

4. Ana y Laura están en la librería. _____

5. Uds. están en la cafetería. _____

6. Nosotros estamos en la residencia. _____

7. Ud. está en la sala de clase. _____

8. Tú estás en el laboratorio. _____

V. Comparison of the uses of <u>estar</u> and <u>ser</u>

Supply the correct form of **estar** or **ser**, as required:

1. María, que _____ la hermana de Diana, _____ en Buenos Aires

ahora. 2. Buenos Aires, que _____ en la Argentina, _____ una ciudad

muy interesante. 3. María _____ muy inteligente; _____ trabajando en

la universidad. 4. Ella _____ enseñando inglés y alemán y siempre

_____ estudiando otras lenguas. 5. _____ difícil aprender muchas

lenguas, ¿no _____ verdad? 6. Los padres de las muchachas _____

uruguayos, pero ahora _____ viviendo en los Estados Unidos. 7. Ellos

_____ muy ocupados porque _____ comprando una casa. 8. La casa

_____ nueva y _____ cerca del centro.

VI. The personal a

Complete with the personal **a** when necessary:

1. Yo tengo _____ muchos amigos suramericanos. 2. ¿Conoces _____ Laura? 3. Ella pasa muchas horas llamando _____ sus amigas. 4. Es más agradable mirar _____ la televisión. 5. Tengo que buscar _____ la profesora. 6. Quiero comprar _____ libros sobre el Uruguay. 7. Conocemos _____ los dependientes de la librería. 8. También necesito _____ un cuaderno.

VII. Meanings of saber and conocer

Supply the correct form of **saber** or **conocer**, as required:

1. ¿_____ Ud. si Diana está en casa? 2. Quiero _____ a su hermana. 3. Yo _____ que ella siempre está muy ocupada. 4. Ella _____ hablar francés, ¿no es verdad? 5. ¿_____ Uds. a los hermanos de Diana? 6. Ellos siempre _____ las lecciones. 7. Yo no _____ a su profesor. 8. Él _____ Suramérica muy bien.

VIII. Personal questions

Write answers to these questions, using complete sentences:

1. ¿En qué estación estamos ahora? _____

2. ¿En qué mes estamos ahora? _____

   _____

3. ¿Está Ud. contento (contenta) con sus clases? _____

   _____

4. ¿Usa el profesor (la profesora) de español mapas y fotografías en la clase? _____

   _____

5. ¿Sabe Ud. si el profesor (la profesora) recibe revistas de España o de Suramérica? _____

   _____

6. ¿En qué mes o meses tiene Ud. vacaciones? _____

   _____

7. ¿Por qué no va Ud. de vacaciones a un país suramericano? _____

   _____

8. ¿Cómo es el viaje en avión de Nueva York a Buenos Aires, por ejemplo? _____

   _____

IX. Writing activity

Write a brief note in Spanish to your parents, asking them how they are, what's new at home, and whether your father still goes to the office every day; then give them five pieces of information about your Spanish class, such as, whether the class is interesting, where your teacher is from, where your classmates are from, whether you study a lot, and where and with whom you study:

Queridos padres:

_____

_____

_____

_____

_____

_____

_____

_____

_____

No olviden escribir pronto. Su hijo (hija),

_____

Lectura 1

I. Word study

A. There are thirteen exact and approximate cognates (nouns and adjectives) in the first three paragraphs of **Lectura 1**, Text, pp. 82–86; scan those paragraphs and list the exact and approximate cognates you find:

_____   _____   _____

_____   _____   _____

_____   _____   _____

_____   _____   _____

B. There are seventeen more approximate and less approximate cognates (nouns and adjectives) in the same paragraphs; list twelve that you recognize:

_____   _____   _____

_____   _____   _____

_____   _____   _____

_____   _____   _____

II. Comprehension activity

Using the information given in **Lectura 1**, complete the following sentences:

1. España tiene casi dos veces la población _____

_____

2. Madrid tiene más de _____

_____

3. La capital es famosa por _____

_____

4. Las Provincias Vascongadas y Cataluña están _____

_____

5. Las Provincias Vascongadas y Cataluña son _____

_____

6. Ciudades importantes del sur de España son _____

_____

7. España es una de las primeras naciones del mundo en _____

   _____

8. Unos treinta millones de turistas _____

   _____

9. La Semana Santa en Sevilla y las Fiestas de San Fermín en Pamplona son _____

   _____

10. Victoria de los Ángeles y Plácido Domingo son _____

    _____

11. Pintores como Pablo Picasso, Joan Miró y Salvador Dalí _____

    _____

12. Otro representante de la cultura española de nuestros días es el ganador _____

    _____

Lección 6

I. Vocabulary practice

A. Circle the item that does not belong in each series of words:

1. la arquitectura / la medicina / la semana / la ingeniería

2. la frase / la expresión / la carrera / la palabra

3. la chica / la calle / la muchacha / la joven

4. a menudo / algo / de vez en cuando / siempre

B. Indicate in Spanish the object you associate with the following words and phrases:

1. pagar con _____

2. invitar _____

3. abrir _____

4. escuchar _____

5. salir _____

6. terminar _____

II. Present indicative of <u>poder</u>, <u>salir</u>, <u>traer</u>, and <u>ver</u>

Complete with the corresponding form of the present indicative tense of the verb:

(poder) 1. ¿Cuándo _____ Uds. venir? 2. Ellos _____ venir a las nueve. 3. Ramón y yo _____ venir a las ocho. 4. Si Ud. quiere, yo _____ venir más temprano. 5. Y Ramón _____ venir un poco más tarde.

(salir) 6. ¿A qué hora _____ Ud. de casa por la mañana? 7. Yo _____ casi siempre a eso de las siete y media. 8. Y Uds., ¿a qué hora _____? 9. Nosotros _____ de casa a las siete. 10. Veo que todos _____ temprano.

(traer) 11. ¿A quiénes _____ Uds. a casa de Diana? 12. Nosotros _____ a nuestros amigos. 13. Y Ud., Mario, ¿a quién _____? 14. Yo _____ a mi hermana. 15. Ellos _____ también a varios estudiantes suramericanos.

(ver) 16. Nosotros _____ el avión. 17. ¿Lo _____ tú? 18. ¿_____ Uds. a María? 19. Diana _____ a su hermana. 20. Ellos _____ a Rita también.

III. Direct object pronouns

A. Rewrite each sentence, substituting object pronouns for noun objects and modifiers:

1. ¿Esperan Uds. a su hijo? _____

2. Ramón escribe una carta. _____

3. Leo los periódicos. _____

4. Miramos el horario. _____

5. ¿Buscas tú a Tomás? _____

6. Rita abre las ventanas. _____

B. Write affirmative answers, substituting direct object pronouns for noun objects and modifiers, following the model.

MODEL: ¿Abre Jorge las puertas? → **Sí, las abre.**

1. ¿Ven Uds. el avión? _____

2. ¿Llama Ud. a Rita? _____

3. ¿Conocen Uds. a María? _____

4. ¿Esperas tú a las chicas? _____

5. ¿Miras las fotografías? _____

6. ¿Traen Uds. los mapas? _____

C. Write negative answers, substituting direct object pronouns for noun objects and modifiers, watching the position of the object pronoun.

MODEL: ¿Sabes la hora? → **No, no la sé.**

1. ¿Lees el periódico? _____

2. ¿Conoce Ud. a mi madre? _____

3. ¿Ves a mis hermanos? _____

4. ¿Escuchan Uds. el programa? _____

5. ¿Reciben Uds. las revistas? _____

6. ¿Aprenden Uds. esa frase? _____

IV. Demonstrative adjectives

Complete with the corresponding form of the demonstrative pronoun:

1. (*this*) Conocemos bien _____ universidad.

2. (*those*, distant) No conocemos _____ universidades.

3. (*that*, distant) No puedo ver _____ mapa.

4. (*these*) Ellos quieren comprar _____ mapas.

24

5. (*that*, nearby) _____ reloj que tienes es excelente.

6. (*this*) _____ reloj no es bueno.

7. (*these*) _____ tazas son nuevas.

8. (*those*, nearby) Quiero leer _____ artículos.

9. (*that*, nearby) Voy a buscar _____ revista.

10. (*those*, nearby) Queremos ver _____ lápices.

11. (*that*, distant) _____ alumna es chilena.

12. (*those*, distant) Pero _____ chicos son de Panamá.

V. Prepositions with certain verbs

Complete with the preposition **a**, **de**, or **en**, or use no preposition, as required:

1. Diana y varios amigos están esperando _____ María.

2. Están esperando _____ la llegada del avión.

3. El avión sale _____ Buenos Aires a las ocho de la mañana.

4. Va _____ llegar a las cinco de la tarde.

5. Rita está buscando _____ la Facultad de Ciencias Sociales.

6. Ella tiene que entrar _____ aquel edificio.

7. Escuchamos _____ los programas de vez en cuando.

8. Miramos _____ la televisión todos los días.

9. Llama _____ Rita pronto.

10. Ella está buscando _____ su compañera de cuarto.

VI. Cardinal numerals

Write out the numerals in Spanish:

1. Ella va a estar allí (66) _____ días.

2. Nuestro libro de español tiene (22) _____ lecciones.

3. Hay (84) _____ palabras nuevas en la lección.

4. Necesitamos (75) _____ cuadernos.

5. Sólo tengo (49) _____ carteles.

6. Quieren comprar (51) _____ libros.

7. Hay (91) _____ muchachas en la clase.

8. Quiero vender (43) _____ sillas.

9. (38) _____ muchachos viven en la residencia.

10. (77) _____ estudiantes están enfermos.

VII. Personal questions

Write answers to these questions, using complete sentences:

1. ¿A qué hora sale Ud. de su casa por la mañana? _____

_____

2. ¿Tiene Ud. la clase de español por la mañana o por la tarde? _____

_____

3. ¿Conoce Ud. bien a todas sus compañeras de clase? _____

_____

4. ¿Qué traen los estudiantes a la clase de español? _____

_____

5. Al salir de clase, ¿charla Ud. unos momentos con sus amigos? _____

_____

6. ¿Hay muchos o pocos estudiantes extranjeros en sus clases? _____

_____

7. Después de las clases, ¿va Ud. a la biblioteca o regresa a casa? _____

_____

8. Al terminar sus estudios aquí, ¿en qué Facultad quiere Ud. entrar? _____

_____

VIII. Writing activity

Complete the missing lines of this telephone call, using the grammar and vocabulary learned thus far; Thomas calls his friend Raymond about an invitation from Diane:

RAMÓN	(*Answering the telephone.*) —¡Bueno!
TOMÁS	—¡Hola, Ramón! Aquí habla Tomás. ¿Cómo estás?
RAMÓN	—_____
TOMÁS	—Muy bien, gracias. Oye, Ramón. Tú conoces a mi amiga Diana, ¿verdad?
RAMÓN	—_____
TOMÁS	—Sí, ella está en nuestra clase de inglés. Pues, nos invita a ir a su casa esta noche.
RAMÓN	—_____
TOMÁS	—A eso de las ocho. Su hermana María está aquí de visita.
RAMÓN	—_____
TOMÁS	—Creo que está estudiando en una universidad suramericana. ¿Puedes ir?
RAMÓN	—_____
TOMÁS	—Bueno. Hasta pronto, Ramón. Te vemos a las ocho.
RAMÓN	—_____

Lección 7

I. Vocabulary practice

A. Circle the item that does not belong in each series of words:

1. marrón / rosado / cómodo / celeste

2. el banco / el cuero / el cheque / el centavo

3. la chaqueta / el vestido / la falda / el escaparate

4. el algodón / el zapato / las sandalias / los mocasines

B. Use the expressions within parentheses in complete sentences:

1. (estar de moda) _____

2. (dar por) _____

3. (ir de compras) _____

4. (encantar) _____

5. (parecer) _____

6. (las jóvenes) _____

II. Present indicative of <u>dar</u> and <u>decir</u>

Complete with the corresponding form of the present indicative tense of the verb:

(**dar**) 1. ¿_____ su familia dinero a la universidad? 2. Nosotros _____ dinero a la universidad. 3. ¿Cuánto dinero _____ Uds.? 4. Yo _____ poco. 5. Pero mis padres _____ mucho. 6. Sé que Ud. _____ algo.

(**decir**) 1. Rita _____ que tiene que estudiar. 2. ¿_____ Uds. que quieren ir de compras? 3. Yo _____ que quiero mirar la televisión. 4. Nosotros _____ que tenemos que ir a la biblioteca. 5. ¿Qué _____ tú, Lupe? 6. Y Jorge, ¿qué _____ Ud.?

III. Indirect object pronouns

A. Supply the indirect object pronoun that corresponds to the indirect object, following the model.

MODEL: Yo _____ doy la carta a Lupe. → **Yo le doy la carta a Lupe.**

1. A Lupe _____ encanta ir de compras. 2. Ella _____ dice a su amiga Silvia que piensa ir a Tijuana. 3. _____ parece a las jóvenes que las cosas son más baratas allí. 4. Entran en una tienda y la vendedora _____ enseña a Lupe y a Silvia unos pantalones y unas camisetas. 5. Ellas _____ preguntan a la vendedora si están a precio especial. 6. La vendedora _____ contesta a las jóvenes que tienen precio fijo en esa tienda.

B. Write affirmative answers to these questions:

1. ¿Te mandan el cheque mañana? _____
2. ¿Le escriben a Ud. en español? _____
3. ¿Les enseñan a Uds. las compras? _____
4. ¿Te venden el mapa? _____
5. ¿Le parece a Ud. barato el reloj? _____
6. ¿Les dicen a Uds. la verdad? _____

IV. The verb gustar

Complete with the present indicative tense of **gustar**:

1. Me _____ ir al centro. 2. A Lupe no le _____ esta tienda. 3. A Jaime le _____ estos zapatos. 4. A nosotras nos _____ las camisetas blancas. 5. No nos _____ este estilo. 6. A los muchachos les _____ los programas de radio. 7. Me _____ estudiar por la mañana. 8. A los estudiantes les _____ las vacaciones.

V. Use of ¿qué? and ¿cuál(es)?

Supply the appropriate interrogative, ¿qué? or ¿cuál(es)?

1. ¿En _____ residencia vive Ud? 2. ¿Sabe Ud. _____ es mi residencia? 3. ¿_____ es la residencia más nueva? 4. ¿De _____ color es? 5. ¿_____ edificios están cerca de la residencia? 6. ¿_____ de los edificios es el más moderno? 7. ¿_____ es el edificio principal? 8. ¿_____ días tiene Ud. clase? 9. ¿_____ son las clases que más le gustan? 10. ¿A _____ hora de la tarde regresa Ud. a su residencia?

VI. Comparisons of inequality

Read the statement and the question that follows; then answer, following the models.

MODEL: María es joven. ¿Y Diana? → **Diana es más joven que María.**

1. La camiseta roja es cara. ¿Y la camiseta amarilla?

   _____

2. Las revistas son baratas. ¿Y los periódicos?

   _____

3. Rita es alta. ¿Y Ramón?

   _____

4. La Lección seis es difícil. ¿Y la Lección siete?

   _____

MODEL: Tomás está cansado. ¿Y Mario? → **Mario está menos cansado que Tomás.**

5. Los muchachos están contentos. ¿Y las muchachas?

   _____

6. Juan está muy ocupado. ¿Y Uds.?

   _____

7. Lupe está preocupada. ¿Y sus profesores?

   _____

8. Luisa está enferma. ¿Y Laura?

   _____

VII. The superlative comparison

Write affirmative answers, following the model.

MODEL: ¿Es nueva la tienda? → **Sí, es la más nueva de todas.**

1. ¿Es fina la camisa? _____

2. ¿Son juveniles los vestidos? _____

3. ¿Es caro el restaurante? _____

4. ¿Es largo el viaje? _____

5. ¿Son fáciles las lecciones? _____

6. ¿Son difíciles los ejercicios? _____

VIII. Personal questions

Write answers to these questions, using complete sentences:

1. ¿Tiene Ud. que hacer algunas compras hoy? _____

    _____

2. ¿Qué ropa nueva necesita Ud.? _____

    _____

3. ¿Cuántas camisetas tiene Ud.? _____

    _____

4. ¿A qué hora abren las tiendas en esta ciudad? _____

    _____

5. ¿Cuánto tiempo necesita uno para llegar al centro? _____

    _____

6. ¿Tienen precio fijo en las tiendas de esta ciudad? _____

    _____

7. ¿Le gusta a Ud. ir de compras? _____

    _____

8. Si Ud. va al centro hoy, ¿tiene que cobrar un cheque? _____

    _____

IX. Writing activity

Complete the dialogues by writing in Spanish the missing exchanges, using the grammar and vocabulary learned thus far:

A. Your friend Ana, who lives with her family in Miami, meets you upon your arrival in Miami for a brief visit and a shopping trip. You are spending Thanksgiving vacation with your grandparents in Fort Lauderdale.

ANA	—¡Qué contenta estoy con tu visita! ¿Cómo estás?
USTED	—_____
ANA	—Todos están muy bien, gracias. ¿Y tu familia?
USTED	—_____
ANA	—Lo siento mucho. Entonces, ¿no puedes pasar la noche con nosotros?
USTED	—_____
ANA	—Pues, entonces, ¿por qué no pasamos la tarde en el centro y cenamos en casa temprano?
USTED	—_____
ANA	—Hay un restaurante muy bueno en la Calle Ocho. Lo conoces, ¿verdad?

30

B. You and Ana have lunch and then enter a large store on the same street. You approach a saleswoman.

ANA	—Queremos ver los pantalones y chaquetas que están a precio especial. ¿Cuáles son?
VENDEDORA	—_____
USTED	—Quiero comprar pantalones de varios colores. ¿Qué colores te gustan, Ana?
ANA	—_____
VENDEDORA	—Estas camisetas están muy de moda también.
ANA	—_____
USTED	—Sí, me gusta mucho. ¿Qué precio tiene?
VENDEDORA	—_____
USTED	—Puedo escribir un cheque, ¿verdad?
VENDEDORA	—_____
ANA	—¡Cómo pasa el tiempo! Vamos a casa ya. Te esperan mis padres.

I. Vocabulary practice

A. Write complete sentences using the following initial words and expressions:

1. El domingo que viene _____

2. Desgraciadamente, _____

3. Durante _____

4. ¿Qué te parece si _____?

B. Use the expressions within parentheses in complete sentences:

1. (al lado de) _____

2. (llamarse) _____

3. (pintarse los labios) _____

4. (prepararse para) _____

II. Present indicative of the irregular verbs <u>hacer</u> and <u>poner</u>

Complete with the corresponding form of the present indicative tense of the verb:

(hacer) 1. ¿Qué _____ Ud. los domingos? 2. Los domingos yo

_____ muchas cosas. 3. Y Uds., ¿qué _____? 4. Nosotros

_____ viajes en coche. 5. Y tú, Juan, ¿qué _____? 6. Yo

_____ viajes también.

(poner) 1. Nosotros _____ las compras sobre la mesa. 2. ¿Dónde las

_____ tú? 3. Yo las _____ sobre la silla. 4. Ellos

_____ un anuncio en el periódico. 5. Jaime _____ sus libros

en su cuarto. 6. ¿Qué _____ Ud. ahí?

III. Present indicative of the stem-changing verbs <u>pensar</u> and <u>volver</u>

Complete with the corresponding form of the present indicative tense of the verb:

(pensar) 1. Diana _____ hacer un viaje a la Argentina. 2. Nosotros

_____ hacer el viaje también. 3. Yo _____ ir a México este

fin de semana. 4. Mis padres _____ salir para México el domingo por la

mañana. 5. ¿Qué _____ Uds. de la idea? 6. ¿Qué _____ tú

del viaje?

(**volver**) 1. ¿Cuándo _____ Uds. de sus vacaciones? 2. Nosotros

_____ el miércoles que viene. 3. Tú _____ el domingo,

¿verdad? 4. No, yo _____ con los otros. 5. ¿Quién _____

más tarde? 6. Creo que mi hermano _____ más tarde.

IV. Present indicative of stem-changing verbs similar to <u>pensar</u> and <u>volver</u>

Complete each sentence with the correct form of one of the verbs in the list that follows. Use each verb once:

almorzar	cerrar	costar	encontrar
pensar	querer	sonar	volver

1. ¿Qué _____ Uds. de mi compañera de cuarto? 2. Si ella no tiene clases por

la tarde, _____ temprano en la cafetería. 3. Como ella no come mucho, le

_____ muy poco el almuerzo. 4. Al regresar de la cafetería, ella

_____ la puerta de nuestro cuarto. 5. Yo _____ al cuarto a

eso de la una y cuarto. 6. (Yo) la _____ siempre con un libro en la mano.

7. Si _____ el teléfono, yo tengo que contestar. 8. Creo que ella

_____ entrar en la Facultad de Medicina.

V. Reflexive verbs

A. Complete with the corresponding form of the present indicative tense of the verb:

1. (**afeitarse**) ¿_____ tú todos los días?

2. (**bañarse**) Uds. _____ por la mañana, ¿verdad?

3. (**despertarse**) Dicen que ellos _____ temprano.

4. (**peinarse**) Lupe es muy bonita y _____ muy bien.

5. (**pintarse**) Yo no _____ los ojos.

6. (**sentarse**) ¿Dónde _____ nosotros?

B. Complete each sentence with the correct form of one of the verbs in the list that follows. Use each verb once:

acostarse	arreglarse	desayunarse	lavarse
levantarse	llamarse	ponerse	prepararse

1. Mi compañera de cuarto _____ Elena. 2. Como Elena y yo estudiamos

de noche, _____ muy tarde. 3. Por la mañana Elena

_____ muy temprano. 4. Ella _____ la ropa y va al

comedor. 5. Yo _____ más tarde. 6. Al terminar el desayuno, yo vuelvo al

cuarto y _____ los dientes. 7. Luego Elena y yo _____

un poco. 8. Y _____ para salir.

VI. Position of reflexive pronouns with an infinitive

Rewrite each of the following sentences, placing the reflexive pronoun in the correct position:

1. (se) Jaime acuesta tarde. No quiere acostar temprano.

   _____

2. (me) Yo levanto a las siete. Hoy tengo que levantar a las seis.

   _____

3. (nos) ¿Por qué sentamos aquí? Podemos sentar cerca de la puerta.

   _____

4. (se) ¿Afeita Ud. por la mañana? ¿Va Ud. a afeitar hoy?

   _____

5. (me) Yo preparo para salir. Necesito preparar para salir.

   _____

6. (te) Tú pones las gafas. Tienes que poner las gafas.

   _____

7. (se) Ellas desayunan tarde. No desean desayunar todavía.

   _____

8. (nos) ¿Dónde lavamos? No podemos lavar aquí.

   _____

VII. Other uses of the definite article

Provide the corresponding form of the definite article where necessary, and explain briefly, in the space provided, the reason for its use:

1. _____ medicina es una carrera muy seria._____

2. Voy a estudiar _____ medicina. ___ _____ 3. Tengo

que comprar _____ gasolina hoy. _____

4. _____ gasolina es muy cara este año. _____ 5. A

mi hermano le gustan _____ coches. _____ 6. Ella se

pinta _____ labios. _____ 7. ¡Cómo pasa

_____ tiempo! _____ 8. No tenemos _____

tiempo ahora. _____ 9. Hoy pienso ponerme _____

zapatos nuevos. _____ 10. Al levantarnos, nos lavamos

_____ cara y _____ manos. _____

VIII. Personal questions

Write answers to these questions, using complete sentences:

1. ¿Cómo se llama Ud.? ¿Y sus padres? _____

_____

2. ¿Se levanta Ud. tarde o temprano generalmente? _____

_____

3. ¿A qué hora se desayuna Ud. durante la semana? ¿Y durante el fin de semana? _____

_____

4. ¿Almuerza Ud. antes o después de las doce? _____

_____

5. ¿A qué hora se acuesta Ud. los sábados? _____

_____

6. ¿Viven sus padres lejos o cerca de aquí? _____

_____

7. ¿Le gusta a Ud. pasar las vacaciones de Navidad con su familia? _____

_____

8. ¿Qué piensa Ud. hacer durante las vacaciones de Navidad? _____

_____

IX. Writing activity

Write a letter in Spanish to your parents with the following information: you are writing to tell them that you hope to spend Christmas vacation at home; you plan to make the trip with a friend who has a car and lives in (_____); classes end on (_____), and you plan to leave the following day; you plan to leave early in the morning and hope to arrive home at about (_____) o'clock; during the vacation you plan to visit your friend (_____), who lives in (_____); greetings to all:

Queridos padres:

_____

_____

_____

_____

_____

_____

_____

_____

_____

Un abrazo (*hug*) de su hijo (hija),

_____

Lectura 2

I. Word study

Including words that have additional differences in spelling, such as **millón**, *million*, and **milla**, *mile*, there are fifteen approximate cognates of the types discussed in the **Estudio de palabras** section of **Lecturas 1** and **2** in the first three paragraphs of **Lectura 2**, pp. 130–34. Scan these paragraphs and list all the approximate cognates of the types discussed that you find:

_____   _____   _____

_____   _____   _____

_____   _____   _____

_____   _____   _____

_____   _____

II. Comprehension activity

Read each sentence carefully. If the statement is correct, rewrite it, beginning your sentence with **Sí.** If the statement is incorrect, correct it, beginning your sentence with **No** and making the necessary changes:

1. Montañas y mesetas ocupan la mayor parte de México.

   _____

2. México tiene unos sesenta millones de habitantes.

   _____

3. La Ciudad de México está situada en un valle del centro del país.

   _____

4. Acapulco es el centro industrial, comercial y cultural de México.

   _____

5. Más de una cuarta parte de la población de México se dedica a la producción de petróleo.

   _____

   _____

6. Sus yacimientos de petróleo y la creciente industrialización aseguran un futuro próspero para México.

   _____

   _____

7. Hay restos de grandes civilizaciones precolombinas en México.

_____

8. No hay monumentos de la época colonial española en la Ciudad de México.

_____

9. Cancún y la isla de Cozumel son centros de turismo en la costa del Océano Pacífico.

_____

_____

10. Los mexicanos celebran el aniversario de su independencia de España el día dieciséis de septiembre.

_____

_____

11. La fiesta de la Virgen de Guadalupe es una de las más importantes de México.

_____

_____

12. Las fiestas de Navidad empiezan el veinticuatro de diciembre.

_____

13. La Revolución de 1910 inspira las obras de Rivera, Orozco y Siqueiros.

_____

14. Los novelistas Juan Rulfo y Carlos Fuentes son representantes eminentes de la cultura mexicana de nuestros días.

_____

_____

15. El mexicano Octavio Paz ganó el Premio Nóbel de Medicina en 1990.

_____

_____

Lección 9

I. Vocabulary practice

A. Circle the item that does not belong in each series of words:

1. el baile / la bailarina / el cine / bailar

2. la comedia / el recuerdo / un drama / el teatro

3. la canción / el cantante / la entrada / cantar

4. anoche / el concierto / ayer / el miércoles próximo

B. Use the expressions within parentheses in complete sentences:

1. (a propósito) _____

_____

2. (el año pasado) _____

_____

3. (recordar) _____

_____

4. (tratar de + *inf.*) _____

_____

II. Preterit indicative of regular verbs

Complete with the corresponding form of the preterit indicative tense of the verb:

(**pasar**) 1. Jaime _____ las vacaciones de Navidad en Madrid. 2. ¿Dónde las _____ Uds.? 3. Nosotros las _____ en casa.

(**bailar**) 1. Todos _____ mucho. 2. ¿_____ tú también? 3. Sí, yo _____ con Enriqueta.

(**aprender**) 1. ¿_____ tú la lección? 2. Sí, yo la _____ . 3. Creo que Laura la _____ también.

(**vender**) 1. ¿Quiénes _____ el coche? 2. ¿Lo _____ Uds.? 3. Sí, nosotros lo _____ .

(**abrir**) 1. Tú _____ la puerta, ¿verdad? 2. No, yo no la _____ . 3. Diana la _____ .

(**escribir**) 1. ¿_____ Uds. la carta? 2. No, nosotros no la _____ . 3. Ellas la _____ .

III. Preterit of the irregular verbs <u>dar</u>, <u>ir</u>, and <u>ser</u>

Complete with the corresponding form of the preterit indicative tense of the verb:

(**dar**) 1. ¿Cuánto dinero les _____ Uds.? 2. Nosotros les

_____ cinco dólares. 3. Ellos les _____ diez dólares.

4. Y Ud., ¿cuánto les _____ ? 5. Yo les _____ cincuenta

centavos. 6. Tú les _____ un dólar, ¿verdad? 7. Sí, y Jorge les

_____ menos.

(**ir**) 1. ¿Adónde _____ Uds. el sábado por la noche? 2. Nosotros

_____ al cine. 3. Y, ¿adónde _____ ellas? 4. Sé que Ana

_____ al teatro. 5. Y, ¿adónde _____ Ud.? 6. Yo

_____ al baile. 7. Y tú _____ al baile, ¿verdad?

(**ser**) 1. ¿Cómo _____ el concierto ayer? 2. Usted _____ el

cantante, ¿verdad? 3. Sí, yo _____ el cantante. 4. Y tú

_____ la bailarina. 5. ¿Quiénes _____ los estudiantes que

pasaron dos meses en España? 6. ¿_____ Uds. del grupo? 7. Sí, nosotros

_____ del grupo.

IV. Use of the preterit tense

A. Read the following sentences and explain briefly, in the space provided, the use of the preterit tense:

1. Yo encontré a Jaime en el teatro ayer. _____
2. Él pasó las vacaciones de Navidad en Madrid. _____
3. Jaime volvió de España la semana pasada. _____
4. Los estudiantes dieron un baile ayer. _____
5. Estudiamos toda la tarde y fuimos al baile a las nueve. _____
6. Bailamos hasta la una de la mañana. _____

B. Read the statement and the expressions that follow; then use the expressions in sentences that are related logically to the initial statement, as in the model.

MODEL: Alberto tiene un examen (*examination*) hoy. (estudiar en la biblioteca anoche; ir al cine anoche) → **Alberto estudió en la biblioteca anoche. No fue al cine.**

1. Ya estoy en clase y no son las ocho todavía. (levantarse a las seis; desayunarse a las siete)

_____

2. Mario tiene una camiseta nueva. (comprarla la semana pasada; costarle veinte dólares)

_____

3. Almorzamos hoy con dos estudiantes ingleses. (conocerlos ayer; invitarlos a venir a las doce)

   _____

4. Estoy muy cansado hoy. (volver de España el domingo pasado; pasar dos semanas en Madrid)

   _____

5. Diana y María no están en su cuarto. (sonar el teléfono dos veces; no contestar nadie)

   _____

6. Mis padres están aquí de visita. (visitar algunas de mis clases ayer; darme un poco de dinero

   anoche) _____

   _____

V. Indefinite and negative words

A. Make each sentence negative, following the model.

MODEL: Traemos algo. → **No traemos nada.** or **Nada traemos.**

1. Alguien baila ahora. _____

2. Alguno de tus amigos llamó. _____

3. Veo a alguien en la calle. _____

4. Ana se quedó también. _____

5. Él está escribiendo algo ._____

6. ¿Conoces a alguna de las chicas? _____

7. Uds. siempre llegan tarde. _____

8. Ellos siempre me dan algo. _____

B. Answer the following questions affirmatively, and then negatively, using complete sentences:

1. ¿Compró Ud. algo la semana pasada? _____

   _____

2. ¿Llamó Ud. por teléfono a alguien anoche? _____

   _____

3. ¿Encontró Ud. a alguno de sus amigos en la biblioteca ayer? _____

   _____

4. ¿Trató Ud. de llamar a sus padres anoche? _____

   _____

VI. The definite article with expressions of time

Supply the corresponding definite article when necessary:

1. Recibí tu carta _____ viernes por _____ mañana. 2. Hoy es _____ martes. 3. Voy a visitar a Diana _____ domingo que viene. 4. Tomamos el desayuno generalmente a _____ ocho. 5. Leo el periódico todos _____ días. 6. Mis tíos llegaron de España _____ miércoles por _____ noche. 7. Ellos viajaron mucho _____ año pasado. 8. Nosotros pensamos salir para México _____ semana próxima. 9. Volvemos a casa _____ mes que viene. 10. Ayer fue _____ lunes, ¿verdad?

VII. Personal questions

Write answers to these questions, using complete sentences:

1. ¿A qué hora se levantó Ud. hoy? _____

_____

2. ¿Dónde se desayunó Ud. hoy? _____

_____

3. ¿Se quedó Ud. en su cuarto anoche o estudió en la biblioteca? _____

_____

4. ¿Cuántas cartas recibió Ud. la semana pasada? _____

_____

5. ¿Fueron Ud. y su compañero(-a) de cuarto de compras ayer? _____

_____

6. ¿Vendió Ud. algo a su compañero(-a) de cuarto el mes pasado? _____

_____

7. ¿Dio Ud. dinero a alguien la semana pasada? _____

_____

8. ¿Salió Ud. del país durante las vacaciones de Navidad el año pasado? _____

_____

VIII. Writing activity

At breakfast on Monday morning, you meet a friend, James, who has been away for the weekend; you ask him where he has been and then you tell him what you did; you also make plans for the following Saturday.

USTED   —¡Hola, Jaime! No te vi en el comedor anoche. ¿Cuándo volviste a la residencia?

JAIME   —_____

USTED   —Entonces pasaste dos días con tus padres, ¿verdad?

JAIME   —_____

USTED   —Lo siento mucho. Algunos de nuestros compañeros están enfermos también.

JAIME   —_____

USTED   —Pues, el sábado, Jorge y yo fuimos al cine. A propósito, no nos gustó la película.

JAIME   —_____

USTED   —El domingo por la noche fuimos con varias amigas a la discoteca en la Calle Catorce. La música es fantástica.

JAIME   —_____

USTED   —Si recuerdo bien, la entrada costó cuatro dólares. Y, claro, siempre hay que tomar algo.

JAIME   —_____

USTED   —Muy bien; podemos salir a eso de las ocho y media. Invita a alguna amiga.

JAIME   —_____

USTED   —De acuerdo. Te llamo el viernes por la noche si no me llamas antes. Hasta luego, Jaime.

Lección 10

I. The pronunciation of the conjunction y, "and"

Review the pronunciation of the conjunction **y** (**Text, Lección 10**, p. 157, **Pronunciación**); then rewrite the following sentences as single breath groups, dividing them into syllables; underline the stressed syllables, and use linking signs to connect consonants and vowels that should be pronounced in a single syllable.

1. Vayan usted y Elena.

   _____

2. Él cumplió ochenta y seis años.

   _____

3. Saben hablar y escribir español.

   _____

II. Vocabulary practice

Complete the exchanges of the following conversation by selecting appropriate words or phrases from the list below. Use each word or phrase only once:

afortunadamente	caliente	camino de	cenamos
de excursión	despejado	fresco	Fue
gozar de	hacía	llover	el mar
las montañas	nadar	neblina	nieve
desayunábamos	pasado	peligroso	el sol

1. —¿Qué tiempo _____ cuando Uds. salieron _____ ayer?

2. —Hacía _____, pero el cielo estaba _____ .

3. —¿Encontraron Uds. mucha _____ en _____ ?

4. —No; pero cuando volvíamos, comenzó a _____ ;
   _____ el regreso no fue muy _____ .

5. —¿ _____ Jaime con Uds. en la excursión?

6. —No, Jaime se levantó muy temprano y cuando nos _____, él ya iba
   _____ San Antonio.

7. —Pero, ¿no fue Jaime a San Antonio el domingo _____ ?

8. —No, como había _____ por aquí, él fue al lago para tomar

   _____ .

III. The imperfect indicative

Complete with the corresponding form of the imperfect indicative tense of the verb:

(cenar) 1. Ellos _____ temprano. 2. Jorge _____ tarde.
3. ¿Cuándo _____ tú?

(nadar) 1. Yo _____ todos los días. 2. Uds. _____ en el río.
3. ¿Dónde _____ Ud.?

(aprender) 1. ¿_____ Uds. las canciones? 2. Yo las _____.
3. No sé si Mario las _____.

(decir) 1. ¿Qué _____ Uds.? 2. Nosotros no _____ una
palabra. 3. ¿No _____ tú algo?

(ir) 1. ¿Adónde _____ Uds. cuando encontraron a la profesora? 2. Nosotros
_____ a la librería. 3. Creo que ella _____ a la biblioteca.

(volver) 1. Nosotros _____ pronto de la escuela. 2. Ellos no _____
con nosotros. 3. Tomás _____ más tarde.

(sentarse) 1. ¿Dónde _____ Uds.? 2. Nosotros _____
cerca de la mesa de la profesora. 3. Diana _____ siempre al lado de María.

(ser) 1. Nosotros _____ niños entonces. 2. Ellos _____
niños también. 3. Tú no _____ de nuestro grupo.

(pensar) 1. Ellos _____ regresar hoy. 2. Silvia _____
quedarse varios días más. 3. ¿_____ tú hacer el viaje?

IV. Use of the imperfect indicative

Complete with the correct form of the imperfect indicative tense of the verb, and explain briefly, in the space provided, the reason for the use of the imperfect tense:

1. Yo (ser) _____ niño cuando mis padres salieron de Cuba. _____

2. En Colorado (nevar) _____ mucho en el invierno. _____

3. Pero durante los veranos, nosotros (gozar de) _____ hacer excursiones al campo.
_____ 4. Nos (gustar) _____ pasar el día en las
montañas. _____ 5. Un día, cuando (regresar) _____
de las montañas, comenzó a llover a cántaros. _____ 6. Como
mi padre no (poder) _____ ver bien el camino, llegamos muy tarde a casa.

_____

V. The preterit and the imperfect contrasted

A. Rewrite each of the following sentences, first changing the verb to the preterit indicative tense and then to the imperfect tense:

1. Ud. cuenta su dinero. _____

_____

2. Yo vuelvo de la playa. _____

_____

3. Jaime los ve. _____

_____

4. Vamos al teatro. _____

_____

5. Yo cierro la puerta. _____

_____

6. Uds. hablan de su niñez. _____

_____

7. Ellos corren por el camino. _____

_____

8. ¿Escribes tú los ejercicios? _____

_____

B. Complete with the corresponding form of the preterit or imperfect indicative tense, as required:

1. Como Jaime y Miguel no (**querer**) _____ llegar a Los Ángeles de noche,

(**decidir**) _____ salir muy temprano. 2. No (**ser**) _____

todavía las cinco cuando Jaime (**llamar**) _____ a la puerta del cuarto de

Miguel. 3. Aunque (**hacer**) _____ fresco a esa hora, no (**hacer**) _____

mal tiempo. 4. Miguel (**estar**) _____ seguro de que en Los Ángeles (**haber**)

_____ sol. 5. A Jaime no le (**gustar**) _____ el invierno aquí.

6. Jaime (**recordar**) _____ la vida en Cuba, donde la gente seguramente

(**estar**) _____ gozando del sol. 7. La familia de Jaime (**ser**) _____

cubana; cuando (**ser**) _____ necesario salir de Cuba, sus padres (**comprar**)

_____ una casa en Los Ángeles. 8. Los padres de Miguel (**ser**) _____

mexicanos; (**vivir**) _____ en un pueblo cerca de Los Ángeles. 9. Cuando

(**entrar**) _____ en la ciudad, (**comenzar**) _____ a llover.

10. Miguel (**llevar**) _____ a Jaime a su casa y después (**ir**) _____
a la casa de sus padres.

VI. <u>Hacer</u> and <u>haber</u> in impersonal expressions

Complete with the correct form of the imperfect indicative tense of **estar**, **haber**, **hacer**, or **ser**, as required:

1. Como _____ invierno, _____ mucho frío.

2. _____ mucho viento también. 3. Aunque _____ despejado, _____ lodo por todas partes. 4. _____ mal tiempo. 5. _____ niebla en las montañas. 6. _____ fresco y _____ nubes en el cielo. 7. _____ un día hermoso de verano. 8. _____ calor y el agua del lago _____ caliente.

VII. Personal questions

Write answers to these questions, using complete sentences:

1. ¿Qué tiempo hace hoy? _____

2. ¿Hacía frío o calor cuando Ud. se levantó hoy? _____

_____

3. ¿Estaba el cielo nublado o despejado esta mañana? _____

_____

4. ¿Vivían Uds. en una ciudad o en el campo cuando Ud. era niño(-a)? _____

_____

5. ¿Era grande o pequeña la casa en que Uds. vivían? ¿Cuántos cuartos tenía? _____

_____

6. ¿Nevaba mucho donde vivían Uds.? ¿Nevaba de vez en cuando? _____

_____

7. ¿Adónde salían Uds. de excursión durante los veranos? _____

_____

8. ¿Qué les gustaba hacer en la playa? ¿Nadaban en el mar? ¿Tomaban el sol? ¿Corrían las olas?

_____

VIII. Writing activity

Write in Spanish a brief account (80 words) of what you told a friend from South America when he asked you for information about yourself. Include the following: information about your parents, whether you have brothers and/or sisters, about the town or city you come from and what it's like, whether you liked school as a child and were a good or bad student, school friends you recall and what they were like, teachers you remember and whether you liked them, the sports you took part in:

Mis padres_____

_____

_____

_____

_____

_____

_____

_____

_____

Lección 11

I. Vocabulary practice

Mrs. López, the faculty adviser of the "Spanish House," is helping you and George set up the lounge for a party to welcome the new residents. Other members are supplying the food, drinks, paper plates and napkins, and records for dancing.

Complete the exchanges by selecting appropriate words or phrases from the list that follows; use each phrase or word only once:

bebidas	la chimenea	Dejen	los discos
las empanadas	los invitados	junto a	el merengue
nos ofrecen	paella	los platos	pónganla
los postres	prometió	la sed	qué suerte
un tocadiscos	traigan	las copas	vino

1. SRA. L.   —Como Uds. piensan bailar, pongan esta mesa _____ la pared.

2. USTED   —En ella podemos poner _____ principales; la _____ valenciana en el centro, ¿verdad?

3. SRA. L.   —No; _____ como el primer plato, y después _____ que prepara Antonio y el guacamole de Ana.

4. JORGE   —Vamos a poner las _____, con _____ y las servilletas en la mesa pequeña que está al lado de _____

5. USTED   —¿Y dónde ponemos los bocaditos y _____?

6. SRA. L.   —_____ los bocaditos en la mesa grande, pero _____ otra mesa para los postres.

7. JORGE   –Y, ¡_____ tenemos! Por casualidad, Mario compró _____ nuevo ayer y _____ traerlo.

8. USTED   —Y podemos tocar _____ nuevos que _____ Rita y Elena.

II. Formal commands

Use the expressions within parentheses in formal commands appropriate to the situation described:

1. Un día de verano le dice Ud. a un invitado: —(ir a la playa; tomar el sol; nadar en el mar; correr las olas) _____

_____

2. En clase la profesora les dice a los estudiantes: —(no mirar la televisión tanto; cerrar los libros; escribir las frases en la pizarra; leer las lecturas) _____

_____

_____

3. El profesor que sale de excursión con sus estudiantes les dice: —(estar preparados a las ocho; llevar el almuerzo; no olvidar el número del autobús; regresar a las cuatro) _____

_____

_____

4. El entrenador (*coach*) de fútbol le dice a uno de los jugadores (*players*): —(comer bien todos los días; tratar de practicar más; descansar el viernes por la noche; no venir tarde el sábado) __

_____

_____

III. Position of object and reflexive pronouns in commands

A. Answer the following questions with formal singular commands in the affirmative and then in the negative, using pronouns for the noun objects:

1. ¿Invito a Miguel? _____

2. ¿Llamo a Lola? _____

3. ¿Traigo las bebidas? _____

4. ¿Vendo el coche? _____

5. ¿Hago el viaje? _____

6. ¿Pongo el anuncio? _____

B. Rewrite each sentence, placing the object or reflexive pronoun in the correct position:

1. (**la**) Elena espera. No quiere esperar. Espere Ud. No espere Ud. _____

_____

2. (**lo**) Antonio deja. No puede dejar. Deje Ud. No deje Ud. _____

_____

3. (**los**) Ana abre. Trata de abrir. Abra Ud. No abra Ud. _____

_____

4. (**las**) Ellos cierran. Van a cerrar. Cierren Uds. No cierren Uds. _____

_____

5. (**se**) Ramón acuesta. Desea acostar. Acueste Ud. No acueste Ud. _____

_____

6. (**se**) Ellos levantan. Prometen levantar. Levanten Uds. No levanten Uds. _____

_____

IV. Possessive adjectives: Emphatic forms

A. Rewrite the sentences, using the emphatic forms of the possessive adjectives:

1. ¿Dónde dejé mis gafas? _____

2. Se llevaron tus lápices. _____

3. ¿Dónde compró Ud. nuestro regalo? _____

4. Mi clase es muy interesante. _____

5. ¿Cuál es su cuarto? _____

6. ¿Cuáles son sus raquetas? _____

B. Rewrite each phrase, substituting **suyo** (**-a, -os, -as**) for the italicized expression, as required:

1. Lupe y varia tías *de ella.* _____

2. Carlos y dos primos *de él.* _____

3. Miguel y una amiga *de él.* _____

4. Clara y dos amigas *de ella.* _____

5. Ellas y un amigo *de ellas.* _____

6. Los chicos y un tío *de ellos.* _____

7. Ud. y el profesor *de Ud.* _____

8. Uds. y un compañero *de Uds.* _____

V. Idiomatic expressions with <u>tener</u>

Complete the statements by selecting an appropriate expression from the following list and making the necessary changes; use each expression only once:

tener años	tener frío	tener ganas de	tener suerte
tener razón	tener sed	tener sueño	
tener calor	tener cuidado	tener hambre	

1. Tráigame Ud. un vaso de agua, por favor. (Yo) _____ .

2. La música es fantástica; los jóvenes _____ bailar.

3. Es difícil cruzar la calle si uno no _____ .

4. Mario va a acostarse, porque (él) _____ .

5. Hagan el favor de cerrar las ventanas, porque nosotros _____ .

6. Ella _____ ; le ofrecen una beca para estudiar en Madrid.

7. Ud. _____ ; no encuentro esa palabra en el diccionario.

8. Queremos cenar temprano, porque (nosotros) _____ .

9. ¿Es cierto que Luisa entra en la universidad? Pero, ¿cuántos _____ ?

10. ¡Una bebida bien fría, por favor! (Yo) _____ .

VI. Uses of <u>estar</u>, <u>hacer</u>, <u>ser</u>, and <u>tener</u> contrasted

Complete with the present indicative tense of **estar, hacer, ser,** or **tener:**

1. ¿No _____ Ud. mucho frío? 2. _____ mal tiempo hoy.

3. Laura y Ana _____ mucho sueño. 4. Ellas _____ muy

cansadas también. 5. Creo que hoy _____ el cumpleaños de Ana.

6. _____ nublado hoy. 7. No _____ sol. 8. Pero yo

_____ mucho calor.

VII. Spanish equivalents for the English word "time"

Complete with **hora, rato, tiempo, vez,** or **veces,** as required:

1. ¿No quieres charlar un _____ con las muchachas? 2. Me parece que ellas

charlan todo el _____ . 3. ¿Adónde van Uds. a esta _____

de la tarde? 4. ¿Qué _____ es? 5. Hoy no tengo _____

para ir al concierto. 6. Además, no me gustó la última _____ . 7. Lupe y

Silvia pasan un _____ aquí todos los días. 8. A _____

preparan sus lecciones aquí. 9. Ellas siempre llegan a _____ . 10. Ramón

también viene de _____ en cuando.

VIII. Personal questions

Write answers to these questions, using complete sentences:

1. ¿Cuántos años tiene Ud.? _____

2. ¿Cuál es el día de su cumpleaños? _____

   _____

3. ¿Dónde celebró Ud. su cumpleaños la última vez? _____

   _____

4. ¿Qué le dieron sus padres para su cumpleaños? _____

   _____

5. ¿Qué platos típicos de España y de Hispanoamérica conoce Ud.? _____

   _____

6. ¿Conoce Ud. algunos bailes típicos del Caribe? _____

   _____

7. ¿Tiene Ud. sueño ahora? _____

8. ¿Qué tiene Ud. que hacer ahora? _____

   _____

IX. Writing activity

James had a conflict and was not able to attend the birthday party of his friend, Charles. The following day, you give James an account of the party in Spanish. Include the following information: where the party was held; the number of guests; who brought food and drinks; what the dishes were; two gifts that Charles received, and what his family gave him; whether there was singing and dancing; who brought records, and the type of music played; whether all had a good time:

Ayer celebramos _____

_____

_____

_____

_____

_____

_____

_____

_____

_____

Lección 12

I. Vocabulary practice

A. Circle the item that does not belong in each series of words:

1. la cama / el piso / la manta / la ropa de cama

2. el jabón / la recepcionista / registrarse / hacer reservas

3. en avión / en carro / en seguida / en tren

4. el estacionamiento / la foto / el coche / el garaje

B. Complete the exchanges of the following conversation by selecting appropriate words or phrases from the list that follows. Use each word or phrase only once:

aceptan	cambiar	conmigo	la cuenta
de crédito	de viajero	pagar	pesetas
Se ve	se cobra	señalan	suerte

1. —Tenemos mala _____ . No _____ tarjetas

    _____ en el comedor del hotel.

2. —¿Hay que _____ en efectivo? ¿Cómo vas a pagar _____?

3. —Escribí el número de nuestro cuarto en la cuenta y les dije que tenía que _____

    un cheque _____ .

4. —_____ un banco desde las ventanas del cuarto.

5. —Pues, ven _____ . Tú también vas a necesitar algunas _____ .

II. Irregular verbs having i-stem preterits

Complete with the corresponding form of the preterit indicative tense of the verb:

(decir) 1. ¿Qué _____ Ud.? 2. Yo _____ que no

querría ir al cine. 3. Y Uds., ¿qué _____? 4. Nosotros _____

que íbamos al teatro.

(hacer) 1. Jaime _____ dos viajes el año pasado. 2. ¿Cuántos viajes

_____ Uds.? 3. Nosotros _____ tres viajes. 4. No olviden

que yo _____ un viaje a España.

(querer) 1. Yo no _____ subir. 2. ¿_____ Uds. subir?

3. No, nosotros no _____ subir tampoco. 4. Y yo sé que tú no

_____ subir.

(**venir**) 1. Yo _____ a tiempo. 2. ¿_____ Uds. a tiempo? 3. Sí, nosotros _____ a tiempo. 4. Pero Elena no _____ a tiempo.

III. Verbs with irregular -ndo forms

Complete with the correct **-ndo** form:

1. (**creer**) _____ a la recepcionista, tomamos el cuarto.
2. (**decir**) _____ adiós, ella subió al avión.
3. (**ir**) _____ temprano, hablé con el profesor.
4. (**poder**) _____ regatear, ella se llevó muchas cosas.
5. (**leer**) _____ el artículo, pensé en nuestra aventura.
6. (**traer**) _____ dinero suficiente, puedes comprar algo para todos.
7. (**venir**) _____ en coche, se ve mejor el país.

IV. Uses of the -ndo form

A. Rewrite the sentences, changing the **si**-clause to the **-ndo** construction (if the subject of the **-ndo** form is different from that of the main verb, it follows the **-ndo** form, as in the model).

MODEL: Si llegas tarde, no te permiten entrar. → **Llegando (tú) tarde, no te permiten entrar.**

1. Si haces reservas, tienes cuarto en los hoteles.

   _____

2. Si vienes temprano, no necesitas boleto.

   _____

3. Si nosotros traemos la paella, Antonio promete traer bebidas.

   _____

4. Si salimos a las ocho, llegamos a las once.

   _____

5. Si practicamos mucho, podemos ganar.

   _____

6. Si ella está enferma, no puedes aceptar la invitación.

   _____

B. Complete the sentences, using the progressive forms of the verb in the imperfect indicative tense:

1. Mario (**vivir**) _____ _____ en San Antonio cuando lo conocí.
2. ¿Qué (**hacer**) _____ _____ Uds. en el hospital? 3. Nosotros (**mirar**) _____ _____ la televisión. 4. Margarita (**escribir**) _____

_____ una carta cuando sonó el teléfono. 5. Los chicos (**correr**) _____

_____ las olas cuando yo los vi. 6. (**Llover**) _____ _____ a

cántaros cuando pasamos la frontera.

C. Complete the following sentences with the **-ndo** form or the infinitive of the verb, as required:

(**ir**) 1. _____ al centro, Uds. pueden comprar ropa mejor. 2. Después de

_____ al centro, pasearon por el parque. 3. Al _____ al

centro, háganme el favor de cobrar este cheque.

(**leer**) 1. Antes de _____ ese libro, yo no sabía nada de la vida española.

2. _____ ese libro, yo creía que me encontraba en España. 3. Al

_____ ese libro, yo recordaba mi niñez.

(**saber**) 1. Al _____ la noticia, corrí a decírsela a Luis. 2. Antes de

_____ la noticia, no me interesaba el asunto. 3. _____ la

noticia, decidí pasar el fin de semana en casa.

(**volver**) 1. Al _____ de la excursión, me lavé el pelo.

2. _____ de la excursión, cruzamos varios ríos. 3. Después de

_____ de la excursión, cenamos en la residencia.

V. Position of object and reflexive pronouns with the -ndo form

A. Rewrite each sentence, using the progressive form of the verb and substituting the correct object pronoun for each noun object, as in the model.

MODEL: Rita escucha la canción. → **Rita está escuchándola.**

1. Elena mira la plaza. _____

2. Yo compro las bebidas. _____

3. Lola busca las llaves. _____

4. Yo comía la paella en mi cuarto. _____

5. Mario leía los anuncios. _____

6. Él no decía la verdad. _____

B. Rewrite each of the following sentences, placing the object and reflexive pronouns in their correct position:

1. (**las**) Yo vendo. Quiero vender. Estoy vendiendo. _____

_____

2. (**lo**) Ramón hizo. Él no quiso hacer. No está haciendo. _____

_____

3. **(me)** Yo acuesto. Voy a acostar. Estoy acostando. _____

_____

4. **(nos)** ¿Dónde registramos? Queremos registrar. Estamos registrando. _____

_____

VI. <u>Se</u> + verb for the English passive voice

Rewrite each sentence, changing it to the reflexive construction with **se**:

1. Entonces no conocíamos la música cubana.

_____

2. Enseñan varias lenguas en la universidad.

_____

3. ¿Dónde compra uno los boletos?

_____

4. Celebramos su cumpleaños en el mes de enero.

_____

5. Venden estos zapatos a precio especial.

_____

VII. <u>Se</u> used as an indefinite subject

Rewrite each sentence, changing it to the reflexive construction with **se**:

1. ¿Qué dicen del partido en los periódicos?

_____

2. ¿Entramos por esta puerta?

_____

3. Uno trabaja mucho en esa clase.

_____

4. Vieron pronto que éramos norteamericanos.

_____

5. Vivimos bien en California.

_____

VIII. Forms and uses of prepositional pronouns

A. Complete with the corresponding form of the prepositional pronoun, following the model.

MODEL: Alberto te escribió. → **Alberto te escribió a ti.**

1. Eso nos interesa. _____

2. El cuarto me gustó. _____

3. Esta vez no le conviene. _____

4. El coche les pareció caro. _____

B. Rewrite each sentence, substituting the correct prepositional pronoun for each noun object, as in the model.

MODEL: Mario no estudia con Laura. → **Mario no estudia con ella.**

1. Ana está charlando con Ramón. _____

2. Los discos son de Rita. _____

3. Traigo algo para mis padres. _____

4. Elena está al lado de María. _____

C. Complete with the corresponding prepositional phrases:

1. (*with them*) Mis tíos hablaron _____ .

2. (*with you*, fam.) Margarita charlaba _____ .

3. (*with you*, pl.) Antonio va a vivir _____ .

4. (*with me*) El profesor cenó _____ .

IX. Cardinal and ordinal numbers

A. Write out the numbers in Spanish:

1. (100) _____ estudiantes hicieron el viaje.

2. Había (500) _____ personas en el teatro.

3. La biblioteca de la universidad tiene (2,999) _____ libros españoles.

4. Ese libro tiene (601) _____ páginas.

5. Hay (365) _____ días en un año.

6. El edificio costó (25,000,000) _____ de pesetas.

B. Rewrite the following sentences, using the next higher ordinal numeral:

1. El cuarto está en el séptimo piso. _____

2. ¿Es éste el segundo concierto? _____

3. Creo que es la cuarta canción. _____

4. Es la tercera vez que vengo a España. _____

5. ¿Cuándo vivió Carlos Quinto? _____

6. ¿Cuál es el octavo mes del año? _____

X. Dates

A. Write in Spanish, following the model:

MODEL: November 11, 1918 → **el once de noviembre de mil novecientos dieciocho**

1. April 1, 1993 _____

_____

2. September 16, 1810 _____

_____

3. July 14, 1789 _____

_____

4. May 13, 1607 _____

_____

5. October 15, 1066 _____

_____

B. Complete the statements by writing the dates in Spanish:

1. Colón llegó a América en (1492) _____

_____

2. Cabrillo descubrió (*discovered*) la Alta (*Upper*) California en (1542) _____

_____

3. España vendió la Florida a los Estados Unidos en (1821) _____

_____

4. España cedió (*ceded*) Puerto Rico a los Estados Unidos en (1898) _____

_____

5. Astronautas norteamericanos caminaron (*walked*) en la luna (*moon*) en (1969) _____

_____

XI. Personal questions

Write answers to these questions, using complete sentences:

1. ¿En qué año entró Ud. en la universidad? _____

_____

2. ¿Fue la primera vez que Ud. salió de casa? _____

_____

3. ¿Cuántas veces al año visita Ud. a su familia? _____

_____

4. Cuando Ud. visita a su familia, ¿iva en coche o en avión? _____

_____

5. ¿En qué meses viajan más los estudiantes?_____

_____

6. ¿Qué viajes hizo Ud. el año pasado? _____

_____

7. ¿Piensa Ud. hacer algún viaje el año que viene? _____

_____

8. ¿Qué países hispanoamericanos le interesan a Ud.? _____

_____

XII. Writing activity

Write in Spanish a brief account (80 words) of an imaginary trip you took to Spain last summer. Include the following information: the city and date of departure, and the city and time of arrival; the cities you visited; how and with whom you traveled; what the weather was like; your experiences with the food and meal hours; new friends you met; things you bought; what you enjoyed the most; how and when you returned to the United States:

_____

_____

_____

_____

_____

_____

_____

_____

_____

_____

_____

_____

_____

_____

_____

_____

Lectura 3

I. Word study

Scan **Lectura 3**, pp. 200–204, and list six approximate noun cognates and nine verb cognates of the types discussed in the **Estudio de palabras** section of this **Lectura**; include words with additional changes in spelling, such as **diferencia**, *difference*, and **restaurar**, *to restore*:

_____   _____   _____

_____   _____   _____

_____   _____   _____

_____   _____   _____

_____   _____   _____

II. Comprehension activity

Using the information given in the **Lectura**, complete the following sentences:

1. En la América Central hay cordilleras que _____

_____

2. El clima es tropical en _____

_____

3. Los productos principales de Guatemala son _____

_____

4. En el nordeste de Guatemala quedan _____

_____

5. Las principales exportaciones de Honduras _____

_____

6. La extensión y población de El Salvador son _____

_____

7. La población de El Salvador es _____

_____

8. La industria ganadera de Nicaragua es _____

_____

9. En Costa Rica el nivel de vida _____

_____

10. Las bases de la economía de Panamá son _____

_____

11. Con unas 130 sucursales de bancos internacionales, Panamá _____

_____

12. La isla de Cuba es una de las primeras naciones del mundo en _____

_____

13. En todas las islas del Mar Caribe, _____

_____

14. En la República Dominicana, los productos principales _____

_____

15. Las primeras expediciones españolas para México y Centroamérica _____

_____

Lección 13

I. Vocabulary practice

A. Circle the item that does not belong in each series of words:

1. la joyería / la guayabera / el sombrero / el cinturón

2. el recibo / la cuenta / el precio / la vitrina

3. el anillo / el arete / el collar / la hamaca

4. la pulsera / el prendedor / el mercado / la joya

B. Use the following elements to write sentences, changing the infinitives in the middle column to the corresponding form of the present indicative tense; use each element only once:

Clara y yo	acabar de	a su esposo.
El señor Ramos	devolver	por la joyería.
La señora Ramos	preguntar	llevarnos los aretes.
Tú	dirigirse	las joyas de fantasía.

1. _____

2. _____

3. _____

4. _____

II. Irregular verbs having u-stem preterits

Complete with the corresponding form of the preterit indicative tense of **estar, poder, poner, saber,** or **tener**:

1. Ayer yo _____ que ir al centro. 2. (Yo) _____ buscando la librería extranjera casi dos horas. 3. Esta mañana nosotros _____ que te interesaban ciertas revistas españolas. 4. ¿Dónde las _____ (tú)? 5. Creo que (yo) las _____ en una silla de mi cuarto. 6. Ayer (yo) _____ una carta de mis padres. 7. Me dicen que (ellos) _____ dos semanas en México. 8. Durante el viaje (ellos) _____ visitar la antigua ciudad de Teotihuacán. 9. Nosotros _____ en México el año pasado, pero no salimos de la capital. 10. Cuando (nosotros) _____ el precio de la excursión, decidimos que no nos interesaba. 11. ¿_____ Uds. tiempo para ir al teatro anoche?

12. Estábamos ocupados y no _____ ir. 13. Yo tampoco _____

tiempo para ir. 14. Además, esta mañana (yo) _____ que la comedia es muy

mala. 15. Elena compró entradas para esta noche, pero no sabe dónde las _____.

III. Verbs with spelling changes in the preterit

Rewrite the following sentences, changing the present tense forms to the preterit forms:

1. Yo llego al hotel temprano. _____

2. Yo pago la cuenta. _____

3. Busco objetos de cerámica. _____

4. Saco muchas fotografías. _____

5. El viernes comienzo a prepararme para el viaje. _____

6. Yo almuerzo temprano. _____

7. Gozo de las montañas. _____

8. ¿Qué toco para la fiesta? _____

9. No practico esta semana. _____

10. Envuelvo mal el paquete; no lo entrego. _____

IV. Verbs with spelling changes in formal commands

Complete with the correct formal command forms:

1. (buscar) _____ Ud. las llaves, por favor.

2. (llegar) _____ Ud. a tiempo.

3. (practicar) No _____ Uds. esa canción.

4. (entregar) No _____ Uds. el dinero ahora.

5. (cruzar) _____ Uds. la calle ahora.

6. (pagar) _____ Uds. con tarjeta de crédito.

7. (comenzar) _____ Ud. ahora.

8. (gozar) _____ Ud. de la playa este fin de semana.

V. Direct and indirect object pronouns used together

Rewrite each sentence, substituting the correct object pronoun for each noun and article in italics, and placing it in the correct position:

1. Ana me vendió *el anillo.* _____

2. Le devolví *las cartas.* _____

3. Me llevé *las camisas.* _____

4. Te compré *la pulsera.* _____

5. Lupe se puso *las joyas.* _____

70

6. Póngase Ud. *los aretes.* _____

7. No les dé Ud. *los recibos.* _____

8. No pude traerle *el regalo.* _____

9. Están lavándome *el coche.* _____

10. Acabo de decirle *la verdad.* _____

VI. Demonstrative pronouns

Rewrite each sentence, substituting the corresponding demonstrative pronoun for the demonstrative adjective and noun in italics:

1. Me interesan *estos collares.* _____

2. *Esa cartera* es de cuero. _____

3. ¿Le gustan a ella *aquellas pulseras?* _____

4. ¿Me envuelve Ud. *esos aretes?* _____

5. ¿Nos enseña Ud. *aquel anillo?* _____

6. *Estas hamacas* no son caras. _____

VII. Preterit indicative of <u>traer</u>

Rewrite the questions in the preterit indicative tense, and then answer the questions affirmatively, using the preterit tense:

1. ¿Traes la ropa en ese paquete? _____

_____

2. ¿Trae tu padre los regalos? _____

_____

3. Yo traigo el mapa, ¿verdad? _____

_____

4. ¿Traen ellos las llaves? _____

_____

5. ¿Trae Ud. dinero suficiente? _____

_____

6. ¿Lo traen Uds. en cheques de viajero? _____

_____

VIII. Personal questions

Write answers to these questions, using complete sentences:

1. ¿Qué lección acaba Ud. de estudiar para la clase de español? _____

   _____

2. ¿Qué preguntas le hizo Ud. al profesor en clase hoy? _____

   _____

3. ¿Cuántas horas estuvo Ud. en el laboratorio ayer? _____

   _____

4. ¿Cuántos libros devolvió Ud. a la biblioteca esta semana? _____

   _____

5. ¿Pudo Ud. visitar a sus padres el mes pasado? _____

   _____

6. Durante su visita, ¿tuvo Ud. tiempo para hacer algunas compras? ¿Qué regalos compró para
   su familia y para sus amigos? _____

   _____

7. Estando en casa, ¿de qué hablaron Ud. y sus padres? ¿Qué planes hicieron para el verano?

   _____

   _____

8. ¿Qué objetos compró Ud. o le entregaron sus padres para traer a su cuarto en la universidad?

   _____

   _____

IX. Writing activity

Write a short letter in Spanish (80 words) to a friend about a vacation trip you and a friend took to a state or national park: tell him/her when you left and from where; how you traveled; three activities you engaged in; a purchase you made; friends you met; something that delighted you or your companion; whether you had fun or not; and when you returned.

Querido(-a) _____:

_____

_____

_____

_____

_____

_____

_____

_____

_____

_____

_____

_____

_____

_____

_____

Un abrazo de tu amigo(-a),

_____

Lección 14

I. Vocabulary practice

Use the expressions within parentheses in complete sentences:

1. (conformarse con) _____

2. (disfrutar de) _____

3. (encontrarse) _____

4. (la estampilla) _____

5. (hay que) _____

6. (oír) _____

7. (preocuparse por) _____

8. (la tarjeta) _____

II. The past participle: the present perfect and pluperfect indicative

A. Complete each sentence with the corresponding form of the present perfect indicative tense; then rewrite it in the singular or plural, as required:

1. (**bajar**) Nosotros _____ _____ en el ascensor.

   _____

2. (**vender**) ¿_____ _____ Ud. el tocadiscos?

   _____

3. (**disfrutar**) Yo _____ _____ de las vacaciones.

   _____

4. (**subir**) Uds. _____ _____ al cuarto piso.

   _____

5. (**estar**) Yo _____ _____ en el mercado.

   _____

6. (**escribir**) ¿Les _____ _____ tú una tarjeta?

   _____

7. (**ver**) Ella _____ _____ las ruinas mayas.

   _____

8. (**ponerse**) Yo me _____ _____ muy bronceado.

   _____

9. **(ir)** Mis tíos _____ _____ a pescar.

_____

10. **(hacer)** ¿Qué _____ _____ tú durante las vacaciones?

_____

B. Complete each sentence with the corresponding form of the pluperfect indicative tense, and then rewrite it in the singular or plural, as required:

1. **(traer)** Ellos no _____ _____ sus trajes de baño.

_____

2. **(arreglarse)** Nosotros no nos _____ _____ el pelo.

_____

3. **(creer)** ¿_____ _____ Ud. las palabras del profesor?

_____

4. **(oír)** Nosotros no _____ _____ esos discos.

_____

5. **(volver)** Las jóvenes _____ _____ de la joyería.

_____

6. **(venir)** ¿_____ _____ a tiempo los invitados?

_____

C. Write an affirmative answer to each question, following the model.

MODEL: ¿Les compró Ud. estampillas? → **Sí, ya se las he comprado.**

1. ¿Les prometió Ud. el dinero? _____
2. ¿Les leyó Ud. los anuncios? _____
3. ¿Les vendió Ud. las joyas? _____
4. ¿Le devolvieron Uds. la pulsera? _____
5. ¿Le dijeron Uds. el precio? _____
6. ¿Les abrieron Uds. las puertas? _____

III. The past participle used as an adjective

Write a negative answer to each question, following the model.

MODEL: ¿Pagó Ud. la cuenta? → **No, ya estaba pagada.**

1. ¿Escribió Ud. el anuncio? _____
2. ¿Cubrió Ud. la mesa? _____
3. ¿Puso Ud. la estampilla? _____

4. ¿Preparó Ud. el almuerzo? _____

5. ¿Lavaron Uds. los platos? _____

6. ¿Hicieron Uds. las reservas? _____

7. ¿Envolvieron Uds. los regalos? _____

8. ¿Abrieron Uds. las cartas? _____

IV. Uses of <u>haber</u>

Complete with the correct form of **haber**:

1. ¿Cuántos lagos _____ por aquí?

2. _____ un baile ayer en la universidad.

3. ¿Cuántos bailes _____ hasta ahora?

4. Los profesores dicen que _____ que estudiar más.

5. La profesora contestó que _____ que entregar los cuadernos.

6. En aquellos tiempos no _____ residencias en la universidad.

V. <u>Hace</u> meaning "ago," "since"

Write two answers to each pair of questions, following the model.

MODEL: ¿Cuándo llegó Ud.? ¿Hace una hora? → **Sí, llegué hace una hora. Sí, hace una hora que llegué.**

1. ¿Cuándo volvió Elena? ¿Hace tres días? _____

   _____

2. ¿Cuándo sacó Ud. las fotos? ¿Hace un mes? _____

   _____

3. ¿Cuándo salieron sus padres de Cuba? ¿Hace quince años? _____

   _____

4. ¿Cuándo oyeron Uds. ese disco? ¿Hace una semana? _____

   _____

5. ¿Cuándo pagaste la cuenta? ¿Hace seis semanas? _____

   _____

6. ¿Cuándo comenzó Ud. a escribir el artículo? ¿Hace dos horas? _____

   _____

VI. Forms of <u>oír</u>

Complete each sentence with the corresponding form of the present indicative tense of **oír**; then rewrite each sentence twice, first in the imperfect tense and then in the preterit indicative tense:

1. ¿ _____ ellos la música? _____

_____

2. Rita no _____ mis palabras. _____

_____

3. ¿_____ tú algo? _____

_____

4. Yo no _____ nada. _____

_____

5. ¿Qué _____ Uds.? _____

_____

6. Nosotros _____ la conversación. _____

_____

VII. Personal questions

Write answers to these questions, using complete sentences:

1. ¿A qué lugar o lugares le gusta a Ud. ir para pasar las vacaciones? _____

_____

2. ¿A quiénes escribe Ud. tarjetas cuando está de vacaciones? _____

_____

3. ¿Cuántas veces ha ido Ud. a la playa este año? _____

_____

4. ¿En qué meses del año ha ido Ud. a la playa este año? _____

_____

5. ¿Ha visitado Ud. alguna playa en México? _____

_____

6. ¿Cuántos años tenía Ud. cuando aprendió a nadar? _____

_____

7. ¿Le gusta a Ud. nadar y correr las olas en el mar? _____

_____

8. ¿Le ha interesado a Ud. aprender a bucear? _____

_____

9. ¿Nada Ud. a menudo en las piscinas de la universidad? _____

_____

10. ¿Se pone Ud. bronceado (bronceada) durante el verano? _____

_____

VIII. Writing activity

Write a short account (80 words) of a real or imaginary day you spent at the beach. Include the following: how long ago you made the trip; where you went, and how you traveled; who your companions were; how long you stayed; whether there were many people on the beach; what you did there, and how the weather was.

_____

_____

_____

_____

_____

_____

_____

_____

_____

_____

_____

_____

_____

_____

_____

Lectura 4

I. Word study

A. Scan **Lectura 4**, pp. 237–242, and list twelve Spanish words that are exact cognates of English words:

_____   _____   _____

_____   _____   _____

_____   _____   _____

_____   _____   _____

B. In **Lectura 4**, find the words related to the words listed below:

1. alto _____   5. industria _____

2. central _____   6. mesa _____

3. comercial _____   7. mina _____

4. hablar _____   8. producción _____

II. Comprehension activity

Read each sentence carefully. If the statement is correct, rewrite it, beginning your sentence with **Sí**. If the sentence is incorrect, correct it, beginning your sentence with **No**, and making the necessary changes:

1. En la América del Sur, los españoles encontraron climas, vegetación y topografía de todos los

   tipos. _____

   _____

2. Colombia es un poco más grande que el estado de Nuevo México. _____

   _____

3. Las ciudades de Bogotá y Medellín se hallan en la costa del Mar Caribe. _____

   _____

4. Caracas, la capital de Venezuela, es una hermosa ciudad colonial. _____

   _____

5. Quito conserva ejemplos magníficos de la arquitectura colonial española. _____

   _____

6. Las Islas Galápagos pertenecen al Perú. _____

_____

7. La población del Perú es predominantemente india y mestiza. _____

_____

8. Animales característicos del Perú son las llamas, alpacas y vicuñas. _____

_____

9. El norte de Chile está cruzado de estrechos y canales. _____

_____

10. Santiago es uno de los centros culturales más importantes de Suramérica. _____

_____

11. En la Argentina la agricultura y la ganadería son importantes fuentes de riqueza. _____

_____

12. Montevideo, la capital del Uruguay, es una hermosa ciudad moderna. _____

_____

13. Bolivia tiene dos capitales: Sucre y La Paz. _____

_____

14. Bolivia es un gran productor de estaño, cobre, plata y plomo. _____

_____

15. La minería es la base de la economía del Paraguay. _____

_____

Lección 15

I. Vocabulary practice

A. Circle the item that does not belong in each series of words:

1. el partido / el juego / la cita / la final

2. el canal / la escena / la televisión / la pesa

3. el aerobismo / la natación / la cancha / el béisbol

4. el deporte / el equipo / el timbre / el jugador

B. Use the expressions within parentheses in complete sentences:

1. (aficionado, -a a) _____

_____

2. (alegrarse de + *inf.*) _____

_____

3. (deber) _____

_____

4. (ingresar en) _____

_____

CICLISMO

BEISBOL

TENIS

II. The future indicative

Combine elements from each column to form ten sentences, changing the infinitives to the appropriate forms of the future indicative tense. Use each element only once:

Yo	ganar	la carta	el sábado.
El profesor	leer	en la residencia	esta noche.
Mis padres	mirar	el paquete	esta tarde.
Ellas	recibir	los ejemplos	el verano que viene.
Ud.	buscar	la película	pasado mañana.
Luis	vivir	la bicicleta	en seguida.
Nosotros	ver	las toallas	el año que viene.
Tú	vender	el anillo	mañana.
La criada	contestar	mucho dinero	más tarde.
Uds.	devolver	el partido	el lunes próximo.

1. _____

2. _____

3. _____

4. _____

5. _____

6. _____

7. _____

8. _____

9. _____

10. _____

III. The conditional indicative

Complete with the corresponding form of the conditional indicative tense of the verb:

1. ¿Te (**gustar**) _____ cenar con nosotros mañana? 2. Nos (**alegrar**) _____ mucho de verte. 3. Luis dijo que él y Alberto (**comer**) _____ con nosotros también. 4. También dijo que nos (**mostrar**) _____ algunos objetos que ha traído de México. 5. Yo creía que Ud. le (**escribir**) _____ de vez en cuando. 6. Uds. no (**deber**) _____ preocuparse por eso. 7. Ellos dijeron que ellos (**subir**) _____ a nuestro cuarto. 8. ¿Qué le (**dar**) _____ nosotros a Alberto para su cumpleaños? 9. ¿No (**deber**) _____ nosotros ir de compras esta tarde? 10. Yo ya sabía que Uds. no (**entender**) _____ mi problema.

IV. Verbs irregular in the future and conditional

A. Complete the following sentences logically, by using the appropriate forms of the verbs in parentheses in the future indicative tense and supplying the other missing elements:

1. (**tener**) En el año 2000, yo _____ _____ años.

2. (**poder**) El año que viene, mis padres _____ comprar _____.

3. (**querer**) ¿_____ el profesor _____ la excursión mañana?

4. (**decir**) ¿Quién le _____ a Jorge que no _____ quedarnos?

5. (**hacer**) ¿Qué _____ nosotros si _____ el comedor?

6. (**venir**) Mis hermanos _____ mañana para _____ el almuerzo aquí.

7. (**saber**) Estoy seguro de que nadie _____ _____ la paella.

8. (**haber**) Para llegar _____ al estadio, _____ que salir a las doce en punto.

9. (**poner**) Si _____ frío, ¿qué ropa nos _____?

B. Complete the following sentences by selecting appropriate words from the list that follows. Use each word only once:

la dirección	hablar	harías	música
dirían	podríamos	podría	querría
la fiesta	sabría	saldríamos	tendría

1. ¿Qué discos _____ nosotros poner durante _____ ? 2. Yo _____ discos de _____ cubana. 3. ¿No _____ tú eso también? 4. ¿Le _____ Uds. eso al profesor? 5. No, nosotros _____ antes de la clase. 6. ¿_____ Ud. decirme _____ del profesor? 7. Juan me dijo que (él) no _____ decírmela. 8. Al _____ con él, yo _____ mucho cuidado.

V. Uses of the future and conditional

Complete with the corresponding form of the future or conditional tense of the verb, as required:

1. ¿Qué programa (**haber**) _____ en la televisión esta tarde? 2. Creo que se (**mostrar**) _____ la final de la Copa Mundial. 3. Jorge dijo que (**jugar**) _____ los equipos de Alemania y de Holanda. 4. ¿Qué equipo (**ganar**) _____ ? 5. Pronto lo (**saber**) _____ nosotros. 6. Y tú, Alberto, ¿qué equipo (**decir**) _____ tú que va a ganar? 7. Pero, ¿no (**poder**) _____ nosotros tomar algo durante el partido? 8. ¿No prometió Luis que él (**traer**) _____ maníes y bebidas?

VI. The future and conditional to express probability or conjecture

Rewrite each sentence according to the model in each group and give the English meaning.

A. MODEL: Son las cinco. → **Serán las cinco.** → **It's probably five o'clock.**

1. ¿Qué hora es? _____
2. Es la una y media. _____
3. ¿Dónde están las chicas? _____
4. Uds. tienen sed. _____
5. Ellas quieren descansar. _____
6. ¿Qué hace tu compañero? _____

B. MODEL: Eran las cinco. → **Serían las cinco.** → **It was probably (must have been, was about) five o'clock.**

1. ¿Qué dijeron los alumnos? _____
2. Ellos fueron al cine. _____
3. ¿A qué hora salió Miguel? _____
4. María no sabía la verdad. _____
5. Elena estaba jugando al tenis. _____
6. Los jóvenes miraron el partido por televisión._____
_____

VII. The future perfect and conditional perfect to express probability or conjecture

Answer each question following the model in each group and give the English meaning.

A. MODEL: —¿Ha comprado Luis las entradas? —**Sí, Luis habrá comprado las entradas.** → **"Yes, Louis has probably purchased the tickets."**

1. ¿Ha ido María al cine? _____
_____
2. ¿Han llegado tus padres? _____
_____
3. ¿Han salido todos? _____
_____
4. ¿Ha comenzado el partido? _____
_____

B. MODEL: —¿Había escrito Carlos la carta? —**Sí, Carlos habría escrito la carta.** → **"Yes, Charles had probably written the letter."**

1. ¿Habían recibido todas las noticias? _____

_____

2. ¿Había estado enfermo Jorge? _____

_____

3. ¿Había llamado Felipe a Isabel? _____

_____

4. ¿Habían vuelto los estudiantes? _____

_____

VIII. Forms of <u>jugar</u>

Complete with the corresponding forms of **jugar** in the present indicative tense, and then rewrite the sentence in the preterit indicative tense:

1. ¿_____ Uds. al tenis durante las vacaciones?

_____

2. Sí, y nosotros _____ al golf también.

_____

3. Y tú, María, ¿_____ al golf también?

_____

4. Sí, yo _____ al golf todos los días.

_____

5. Tomás no _____ al fútbol.

_____

6. Y sus hermanos no _____ al fútbol tampoco.

_____

IX. Personal questions

Write answers to these questions, using complete sentences:

1. ¿Qué deportes le interesan a Ud. más? _____

_____

2. ¿Qué deportes practica Ud. ahora? _____

_____

3. ¿En qué deportes tiene la universidad equipos excelentes? _____

_____

4. ¿En qué equipo de la universidad le gustaría a Ud. jugar? _____

_____

5. ¿En qué deportes hay equipos de mujeres en esta universidad? _____

_____

6. ¿Qué deportes practicaba Ud. en la escuela secundaria? _____

_____

7. ¿Ha hecho Ud. excursiones a las montañas para esquiar? _____

_____

8. ¿Cuál de los equipos de deportes profesionales le interesa a Ud. más? _____

_____

9. En el mundo de los deportes profesionales, ¿qué jugador(jugadora) le interesa a Ud. más?

_____

10. Si Ud. no es aficionado(-a) a los deportes, ¿qué le gusta hacer durante los fines de semana

cuando no tiene que estudiar? _____

_____

X. Writing activity

Complete the following dialogue by supplying the missing exchanges. At breakfast, Luis, a student from Colombia, discusses with you the performance of the university basketball team in a semifinal match of the NCAA tournament held the previous evening:

UD.	—¡Hola, Luis! ¿Qué hay de nuevo?
LUIS	—Tan ocupado como siempre. A propósito, ¿fuiste a los partidos semifinales de básquetbol anoche?
UD.	—_____
LUIS	—Yo no pude ir tampoco. Pero verías algunos minutos de los partidos por televisión, ¿verdad?
UD.	—_____
LUIS	—Los últimos momentos de ese partido fueron muy emocionantes. ¿No dirías que nuestro equipo jugó muy bien?
UD.	—_____
LUIS	—¿Crees que nuestro equipo podrá ganar la final la semana que viene?
UD.	—_____
LUIS	—Sí, tendremos que jugar muy bien. El jugador cubano de su equipo es brillante, ¿verdad?
UD.	—_____

LUIS   –Un equipo cubano jugó aquí el año pasado. ¿Viste el partido?

UD.   –_____

LUIS   –Como recordarás, jugaban bien y con mucha emoción.

UD.   –_____

LUIS   –¡Con mucho gusto! ¿Habrá que salir temprano?

UD.   –_____

LUIS   –Pues, estaré preparado para salir a esa hora.

UD.   –_____

Lección 16

I. Vocabulary practice

Complete the following exchanges by selecting appropriate words or phrases from the list that follows. Use each word or phrase only once:

un antibiótico	el hospital	un jarabe	me duelen
la nariz	no te rías	el pecho	peor
la rodilla	tan alta	te recetó	te sientes
mi temperatura	la tos	tosiste	un resfriado

1. —La enfermera dice que _____ mucho anoche, Ana. ¿Cómo

   _____ esta mañana?

2. —_____ que ayer. _____ muchísimo la garganta y

   _____ .

3. —Has pescado _____ terrible. ¿Qué _____
   el médico?

4. —Me recetó _____ . Me dice que _____ no es

   _____ como antes.

5. —¿Qué te han dado para _____ ?

6. —La enfermera me trajo _____ y además gotas para _____ .

7. —¿Sabías que Carlos se ha lastimado _____ jugando al básquetbol?

8. —_____ . Varios compañeros nuestros están en _____ .

II. Stem-changing -ir verbs

Complete with the corresponding form of the present indicative tense of the verb, and then rewrite the sentence in the preterit indicative tense:

(**divertirse**)　1. ¿Te_____ mucho en el baile?

   _____

2. Sí, me _____ muchísimo.

   _____

3. Pero nosotros no nos _____ mucho.

   _____

4. Y los jóvenes no se _____ tampoco.

   _____

(dormir)   1. Yo no _____ bien en el hospital.

_____

2. ¿_____ tú bien en el campo?

_____

3. Nosotros _____ bien en el campo.

_____

4. Los muchachos _____ mejor en casa.

_____

(pedir)   1. ¿Qué _____ tú?

_____

2. Yo _____ un vaso de agua.

_____

3. ¿Qué _____ Uds.?

_____

4. Nosotros no _____ nada.

_____

III. More familiar <u>tú</u> command forms

A. Answer first with an affirmative singular familiar command, and then with a negative one:

1. ¿Bajo ahora? _____

2. ¿Arreglo el reloj? _____

3. ¿Vendo la bicicleta? _____

4. ¿Subo al carro? _____

5. ¿Hago la excursión? _____

6. ¿Pongo las flores en la mesa? _____

7. ¿Salgo en seguida? _____

8. ¿Digo el precio? _____

B. Complete the following sentences, changing the infinitives to the affirmative singular familiar command form, and then rewrite in the negative:

1. Marta, (**comenzar**) _____ ahora. _____

2. María, (**pedir**) _____ algo. _____

3. Inés, (**volver**) _____ hoy. _____

4. Elena, (**dormir**) _____ mucho. _____

5. Tomás, (**contar**) _____ el dinero. _____

6. Ana, (**devolver**) _____ el anillo. _____

92

7. Jorge, **(cerrar)** _____ las ventanas. _____

8. Diana, **(mostrar)** _____ el collar. _____

C. Change first to an affirmative singular familiar command, and then to a negative one:

1. Mario paga en efectivo. _____

2. Luisa almuerza ahora. _____

3. Carmen entrega las cartas. _____

4. Carlos busca más jabón. _____

5. Felipe se pone la chaqueta. _____

6. Ana se arregla el pelo. _____

7. Laura se sienta aquí. _____

8. Miguel se divierte mucho. _____

IV. Comparisons of inequality: Irregular comparative adjectives

A. Complete with the comparative form of the adjective, following the model.

MODEL: Este edificio es alto. → **Es más alto que aquél.**

1. Esta raqueta es cara. _____

2. Nuestro equipo es malo. _____

3. Esta playa es pequeña. _____

4. Estos pantalones son baratos. _____

5. Esta sala es grande. _____

6. Estas flores son bonitas. _____

7. Este ejercicio es largo. _____

8. Estas casas son modernas. _____

B. Complete with the comparative form of the adjective:

1. **(poco)** Alberto tiene _____ dinero que yo.

2. **(mucho)** Hay _____ estudiantes en la clase de francés.

3. **(grande = viejo)** Felipe es _____ que yo.

4. **(pequeño = joven)** Mario es _____ que tú.

5. **(poco)** La universidad ganó _____ partidos este año.

6. **(bueno)** Estas píldoras son _____ que las tuyas.

7. **(pequeño = joven)** Elena es mi hermana _____.

8. **(grande = viejo)** Yo tengo tres hermanos _____.

C. Complete with the superlative form of each adjective, following the models (watch for irregular forms).

> MODELS: Esta tienda es pequeña. → **Es la más pequeña de todas.**
> Estos carros son viejos. → **Son los más viejos de todos.**

1. Estas sillas son cómodas. _____

2. Este camino es bueno. _____

3. Estas jóvenes son amables. _____

4. Este ejercicio es difícil. _____

5. Estos anillos son grandes. _____

6. Este chico es grande (= viejo). _____

7. Estas chicas son pequeñas (= jóvenes). _____

8. Este hotel es malo. _____

V. Comparisons of inequality: Regular and irregular comparative adverbs

Rewrite the sentences, using the comparative form of the adverb, following the model.

MODEL: Elena habla alto. → **Elena habla más alto que su hermano.**

1. Mario se acuesta tarde. _____

2. Luis se prepara rápidamente. _____

3. Jaime trabaja poco. _____

4. Carlos llegó temprano. _____

5. Yo corro rápido. _____

6. Inés pronuncia claro. _____

7. Miguel estudia mucho. _____

8. Jorge lee mal. _____

VI. Comparisons of equality

Complete with **tanto,-a (-os, -as)**, or **tan**, as required:

1. Pocas personas leen _____ claro como el profesor.

2. Ana ha recibido _____ flores como Elena.

3. Hoy no hace _____ calor como ayer.

4. Ana no ha tosido _____ como anoche.

5. Jaime no ha hecho _____ viajes a Europa como Miguel.

6. ¿Es Elena _____ inteligente como su hermana?

7. ¿Habrá _____ gente en el estadio como el sábado pasado?

8. Jorge no se levanta _____ temprano como Alberto.

9. Mario no se lastimó _____ como Ramón.

10. María es _____ guapa como Margarita.

VII. The absolute superlative

Rewrite each sentence, using the alternate form of the absolute superlative, following the model.

MODEL: Esta sala es muy pequeña. → **Esta sala es pequeñísima.**

1. Esta casa es muy vieja. _____

2. Este reloj es muy malo. _____

3. Los jugadores son muy altos. _____

4. Las enfermeras son muy amables. _____

5. Las comidas son muy buenas. _____

6. Los invitados son muchos. _____

7. El hospital es muy grande. _____

8. Terminaron muy pronto. _____

9. Ellos comen mucho. _____

10. Ella llegó muy tarde. _____

VIII. Personal questions

Write answers to these questions, using complete sentences:

1. ¿Cómo se siente Ud. hoy? _____

_____

2. ¿Ha tenido Ud. un resfriado este semestre? _____

_____

3. ¿Tiene Ud. dolores de cabeza a menudo? _____

_____

4. ¿A quién debemos llamar cuando estamos enfermos? _____

_____

5. ¿Qué recetan los médicos para la tos? _____

_____

6. ¿Es Ud. alérgico(-a) a alguna medicina? _____

_____

7. ¿Cuántas veces ha estado Ud. en el hospital este año? _____

_____

8. ¿Qué nos traen a veces los amigos cuando estamos en el hospital? _____

_____

IX. Writing activity

Complete the following dialogue by supplying the missing exchanges. You and Ann are roommates. Ann has caught a terrible cold and you have taken her to the hospital. On returning to your residence hall, you meet Rita, a close friend of Ann; you tell her about Ann's illness.

USTED	—Acabo de llevar a Ana al hospital. Parece que está muy enferma.
RITA	—_____
USTED	—Ha pescado un resfriado terrible y tiene una fiebre altísima.
RITA	—_____
USTED	—Le ha recetado un antibiótico y un jarabe para la tos.
RITA	—_____
USTED	—Sí, Ana dijo que era alérgica a la penicilina.
RITA	—_____
USTED	—No, no había podido dormir en toda la noche.
RITA	—_____
USTED	—No, no parece tener otros síntomas.
RITA	—_____
USTED	—Los llamé hace media hora. Su padre me dijo que tratarían de venir esta tarde.
RITA	—_____
USTED	—El número de su habitación es 207. Las horas de visita son de las dos a las cinco de la tarde.
RITA	—_____
USTED	—Pienso visitarla mañana por la tarde. ¿Por qué no vas conmigo?
RITA	—_____
USTED	—Sí, debemos llevarle unas flores. Se alegrará mucho de vernos.
RITA	—_____
USTED	—¿Qué te parece si nos encontramos en el recibo a las tres en punto?
RITA	—_____
USTED	—¡De acuerdo! Hasta mañana, Rita.

Lección 17

I. Vocabulary practice

Circle the item that does not belong in each series of words:

1. la mesa / el gerente / la silla / el aparador

2. la tostadora / la mezcladora / el barrio / la batidora

3. la aspiradora / la lavadora de platos / el refrigerador / el dueño

4. el novio / los muebles / el sofá / el sillón

5. el estéreo / la grabadora / el ordenador / el almacén

6. la cocina / la sartén / el horno / el alquiler

7. la almohada / el paseo / la funda / la sábana

8. el plato / el cubierto / la boda / el mantel

MUEBLES

DOS CAMAS sencillas nuevas de bima $22.000 cada una con colchón. Dos sofacamas Pullman prácticos $30.000.oo cada uno. Tel 457443 Cra. 53 91-112
E00 6.989

PRECIOS especiales comedor pequeño, bibliotecas, modulares cama doble con mesa de noche, mesitas auxiliares, mármol para mesitas todo nuevo, esterilizador teteros caminador y otros casi nuevos llamar 340924   LC 44377

II. The present subjunctive of regular verbs

Complete the following sentences by using the corresponding form of the present subjunctive of one of the verbs listed below. Use each verb only once:

abrir	aceptar	alquilar	asistir a
beber	comer	correr	escribir
estudiar	hablar	vender	vivir

1. Deseamos que Alberto y Silvia _____ el apartamento. 2. ¿Quieres tú que Mario _____ con nosotros esta noche? 3. No quieren que los estudiantes _____ cerveza en el estadio. 4. Mis padres no desean que yo _____ en esa residencia. 5. No quiero que Jaime _____ su carro. 6. ¿Prefiere Ud. que nosotros no _____ la invitación? 7. Preferimos que Uds. no _____ las olas hoy. 8. Ellos desean que nosotros _____ misa el domingo que viene. 9. Todos quieren que tú _____ más alto. 10. El profesor desea que yo _____ francés. 11. Ella desea que tú _____ las ventanas. 12. La profesora quiere que Uds. _____ las frases.

III. The present subjunctive of stem-changing verbs

Complete the following sentences by using the corresponding form of the present subjunctive of one of the verbs listed below. Use each verb only once:

contar	costar	devolver	divertirse
dormir	encontrar	llover	pedir
preferir	recomendar	sentarse	sentir(se)

1. Ella quiere que yo _____ el aparato. 2. Recomendamos que (tú) _____ el dinero que llevas en la billetera. 3. Sugieren que Uds. _____ aquí esta noche. 4. No estoy seguro de que _____ durante la excursión. 5. Deseo que Uds. me _____ un hotel más barato. 6. No estamos seguros de que ella _____ mejor esta mañana. 7. Ellos quieren que Ud. _____ junto a la chimenea. 8. Deseo que Luisa _____ un compañero más inteligente. 9. Desean que nosotros _____ durante nuestra visita. 10. No estoy seguro de que ellos _____ ir al concierto. 11. Nos recomiendan que (nosotros) no _____ cosas imposibles. 12. Ella no está segura de que estos muebles _____ más que aquéllos.

IV. The present subjunctive of irregular verbs

Rearrange the following items to form sentences, changing the infinitive to the corresponding form of the present subjunctive:

1. nos / la verdad / queremos / que él / decir _____

   _____

2. hacer / ellos quieren / el viaje / que nosotros / con ellos _____

   _____

3. que ellos / el refrigerador / aquí / poner / él recomienda _____

   _____

4. para Madrid / salir / que Ud. / en seguida / queremos _____

   _____

5. cuidado / yo recomiendo / tener / que tú / mucho _____

   _____

6. Uds. / que él / su grabadora / traer / pídanle _____

   _____

7. a las tres / ellos / que nosotros / venir / piden _____

   _____

8. puntuales / que ellos / Uds. / ser / díganles _____

   _____

9. al profesor / que Uds. / quiero / conocer / yo _____

   _____

10. un regalo / que yo / ellos sugieren / le / dar _____

    _____

11. a las ocho / estar / quieren / en el hospital / que yo _____

    _____

12. conmigo / ir / a la agencia / que Uds. / yo quiero _____

    _____

13. ella / la noticia / que tú / saber / quiere _____

    _____

V. The present subjunctive used in command forms

A. Answer each question with both a negative and an affirmative formal command, following the model.

MODEL: ¿Hablo ahora? → **No, no hable Ud. ahora; hable más tarde.**

1. ¿Salgo ahora? _____

2. ¿Voy ahora? _____

3. ¿Me acuesto ahora? _____

4. ¿Me arreglo ahora? _____

5. ¿Se lo doy ahora? _____

6. ¿Se lo pido ahora? _____

B. Change each affirmative familiar command to the negative, following the model.

MODEL: Carmen, lee la carta. → **Carmen, no leas la carta.**

1. Luis, ponte los zapatos. _____

2. Lupe, ven a la oficina. _____

3. Jaime, haz el viaje. _____

4. Rita, envuelve las compras. _____

5. Laura, trae los platos. _____

6. Ana, llévate el libro. _____

VI. Indicative vs. subjunctive mood

Complete the following sentences with the corresponding form of the verb in the present indicative or present subjunctive mood:

1. No estoy seguro de que Jorge (**poder**) _____ asistir a la fiesta. 2. Deseamos que Ana (**aceptar**) _____ el dinero. 3. Creo que Marta (**quedarse**) _____ aquí hasta el viernes. 4. Sabemos que Luis (**salir**) _____ de excursión mañana. 5. Deseo que Uds. (**estar**) _____ contentos con el apartamento. 6. Recomiendo que Luis (**volver**) _____ pronto. 7. Ella desea que tú (**ir**) _____ al teatro con ella. 8. Dígale Ud. a Jorge que (él) (**hacer**) _____ el mueble. 9. Nosotros deseamos que ellos (**ser**) _____ felices. 10. Recomendamos que Elena (**acostarse**) _____ temprano.

11. Recuerdo que Uds. (**levantarse**) _____ generalmente antes de las seis.

12. Estoy seguro de que ella (**tener**) _____ dinero suficiente.

VII. The subjunctive with verbs expressing wish, volition, advice, permission, request, or implied command

Write complete sentences, using the verb in parentheses and adding any information needed to make a logical statement, as in the model.

MODEL: Deseo que tú (cobrar) → **Deseo que tú cobres este cheque.**

1. Quiero que Uds. (**asistir a**) _____

2. Sugiero que Ud. (**pensar**) _____

3. Deseamos que tú (**poner**) _____

4. Recomiendo que Uds. (**oír**) _____

5. Desean que nosotros (**volver**) _____

6. Permitimos que ella (**ver**) _____

7. Recomiendan que Uds. (**pedir**) _____

8. Aconsejo que tú (**aprender**) _____

9. Dígales Ud. a todos que (**esperar**) _____

10. Pídale Ud. a Margarita que (**arreglarse**) _____

VIII. Personal questions

Write answers to the following questions, using complete sentences:

1. ¿Piensa Ud. casarse pronto? _____

   _____

2. ¿Desean sus padres que se case Ud. pronto? _____

   _____

3. Cuando un joven y una joven se casan, ¿qué buscan generalmente? _____

   _____

4. ¿Hay muchos apartamentos amueblados en esta ciudad? _____

   _____

5. ¿Cuánto cuesta el alquiler de un apartamento de dos habitaciones en esta ciudad? _____

   _____

6. ¿Qué muebles se encuentran generalmente en un apartamento? _____

   _____

7. ¿Cuáles son algunos de los aparatos que se necesitan en la cocina? _____

   _____

8. ¿Qué regalos prefiere Ud. que le manden sus padres, cosas para su cuarto o dinero? _____

   _____

IX. Writing activity

Write a letter in Spanish to your parents and include the following information: you are writing to tell them that you will soon have a new address. After living in the dormitory for three years, you and your roommate have decided that life will be quieter in an apartment, where friends will not be visiting you every fifteen minutes; besides, you will have to spend more time studying this year. You have found a two-room apartment in a quiet neighborhood. The building is modern, and the apartment has all the necessary appliances; however, since the apartment will be somewhat more expensive than the room in the dormitory, ask them to send you a little more money from time to time. Finally, invite them to visit you soon.

Queridos padres:

_____

_____

_____

_____

_____

_____

_____

_____

_____

_____

_____

_____

_____

Un abrazo de su hijo(-a)

_____

Lección 18

I. Vocabulary practice

Complete the exchanges of the following conversation by selecting appropriate words or phrases from the list that follows. Use each word or phrase only once:

Vamos a estar	salimos	tráfico	economía
tal vez	tiene razón	manejar	les aconsejo
el resumen	en punto	encontremos	No olviden
Dejemos	les parece	conductor	una avería
salgamos	lleguemos	la conferencia	el carro

1. —¿A qué hora quieren que _____ para asistir a _____ esta tarde?

2. —Si _____ bien, ¿por qué no _____ a las tres y media?

3. —_____ que hay mucho _____ a esa hora.

4. —Si tenemos _____, dudo que _____ a tiempo.

5. —Ud. _____; _____ salir a las tres.

6. —¿Quién quiere _____? ¡_____ manejar a Jorge!

7. —Sí. Dudo que _____ un _____ mejor que Jorge.

8. —De acuerdo, entonces. _____ aquí a las tres _____ .

II. The present subjunctive of verbs with spelling changes

A. Complete with the corresponding form of the present subjunctive tense of the verb:

1. **(llegar)** Queremos que Juan _____ a tiempo.

2. **(acercarse)** Sugiero que Elena _____ a la mesa.

3. **(almorzar)** Preferimos que Inés _____ con Juan.

4. **(entregar)** No creo que Ana me _____ el dinero.

5. **(seguir)** Recomiendo que Mario _____ adelante.

6. **(jugar)** Dudamos que Luis _____ al fútbol.

B. Answer first with an affirmative formal command, and then with a negative one, substituting object pronouns for noun objects, following the model.

MODEL: ¿Vendo el carro? → **Sí, véndalo Ud. No, no lo venda Ud.**

1. ¿Comienzo la clase? _____

2. ¿Saco las fotos? _____

3. ¿Pago la cuenta? _____

4. ¿Organizamos la fiesta? _____

5. ¿Buscamos las llaves? _____

6. ¿Entregamos los ejercicios? _____

III. The subjunctive in noun clauses after verbs expressing emotion

Complete with the corresponding form of the present indicative or present subjunctive, as required:

1. Tememos que ella no (**conseguir**) _____ la licencia de manejar. 2. Me alegro de que Mario (**querer**) _____ asistir a esta universidad. 3. Me dicen que ellos (**saber**) _____ mi dirección. 4. Estamos contentos de que ellos (**casarse**) _____ en junio. 5. Estoy seguro de que ellos (**pensar**) _____ invitar al profesor. 6. Me encanta que tus padres (**poder**) _____ visitarnos. 7. Estoy seguro de que ellos (**preferir**) _____ hacer el viaje en avión. 8. Me duele que él no (**pagar**) _____ sus cuentas. 9. Se dice que Roberto (**tener**) _____ dolor de cabeza. 10. Sabemos que Luis no (**contestar**) _____ sus cartas. 11. Me molesta que (**haber**) _____ tanto tráfico en esta calle. 12. Es lástima que tú (**ser**) _____ alérgico(-a) a la penicilina.

IV. The subjunctive in noun clauses after verbs expressing doubt or uncertainty

Complete with the corresponding form of the present indicative or present subjunctive, as required:

1. Yo no digo que Carmen (**leer**) _____ mis cartas. 2. No creo que Elena (**saber**) _____ esquiar. 3. Laura dice que (**ir**) _____ al centro. 4. ¿No cree Ud. que el alquiler del cuarto (**ser**) _____ caro? 5. No estamos seguros de que ellos (**traer**) _____ sus trajes de baño. 6. No dudo que ella (**tocar**) _____ bien. 7. ¿No crees que ella (**deber**) _____ llamar al médico? 8. No, no creemos que ella (**tener**) _____ fiebre. 9. No estoy seguro de que ellos nos (**permitir**) _____ entrar. 10. Dudo que mis compañeros (**conocer**) _____ al gerente. 11. Estoy seguro de que ellos (**tener**) _____ una grabadora. 12. No dudo que Ana (**estar**) _____ enferma.

V. The expressions <u>tal vez</u>, <u>quizá</u> (<u>quizás</u>), and <u>creer</u> used in questions

Rewrite the following sentences and questions so that they express doubt or uncertainty with the subjunctive mood, following the model.

MODEL: Tal vez se encuentra Ana en el comedor. → **Tal vez se encuentre Ana en el comedor.**

1. Tal vez les parece buena la idea.

   _____

2. Quizás ella quiere pasar las vacaciones en casa.

   _____

3. ¿Crees que él tiene bastante dinero para comprar un coche?

   _____

4. Quizás le gusta a ella viajar en avión.

   _____

5. Tal vez van a la conferencia.

   _____

6. ¿Crees tú que ellos están en el laboratorio ahora?

   _____

VI. The infinitive after verbs of persuasion

Rewrite the following sentences, using the infinitive construction instead of a noun clause with **que**, as in the model.

MODEL: Me aconseja que asista a sus clases. → **Me aconseja asistir a sus clases.**

1. Te aconsejo que moderes la marcha.

   _____

2. Dejen Uds. que yo conduzca.

   _____

3. El médico me recomienda que tome estas píldoras.

   _____

4. El gerente no permite que nosotros veamos el apartamento.

   _____

5. Les sugiero que Uds. vuelvan más tarde.

   _____

6. No le permitas al taxista que pase por la izquierda.

   _____

VII. Indirect commands and <u>nosotros</u> commands

A. Change to an indirect command with **él**, preceded by "**Yo no puedo,**" following the model.

MODEL: Ciérrela Ud. → **Yo no puedo, que la cierre él.**

1. Envuélvalo Ud. _____
2. Entréguelo Ud. _____
3. Búsquelos Ud. _____
4. Cuéntelas Ud. _____
5. Empiécelo Ud. _____
6. Léalo Ud. _____

B. Write two affirmative replies and one negative reply, substituting object pronouns for noun objects, following the model.

MODEL: ¿Vendemos el carro? → **Sí, vendámoslo. Sí, vamos a venderlo. No, no lo vendamos.**

1. ¿Devolvemos el dinero? _____

   _____

2. ¿Hacemos el resumen? _____

   _____

3. ¿Pagamos la cuenta? _____

   _____

4. ¿Mostramos las fotos? _____

   _____

5. ¿Abrimos las ventanas? _____

   _____

6. ¿Ponemos la televisión? _____

   _____

VIII. The present perfect subjunctive

Complete the noun clause, using the corresponding form of the verb in the present perfect subjunctive tense, following the model.

MODEL: Dudamos que ella (**sugerir**) _____ eso. → **Dudamos que ella haya sugerido eso.**

1. Dudamos que ella (**sacar**) _____ buenas fotos.
2. Temen que Isabel (**ver**) _____ la película.
3. Es lástima que Ud. no (**poder**) _____ ir conmigo.

106

4. No creo que ellos (**traer**) _____ los discos.

5. Ellos sienten que nosotros (**saber**) _____ la noticia.

6. No estoy seguro de que él (**volver**) _____ todavía.

IX. Personal questions

Write answers to these questions, using complete sentences:

1. ¿Cuántos años tenía Ud. cuando consiguió la licencia de manejar? _____

_____

2. ¿Cuántos años tenía Ud. cuando sus padres le permitieron manejar? _____

_____

3. ¿Le gusta a Ud. manejar un carro? _____

_____

4. ¿Tienen carros la mayor parte de los estudiantes de esta universidad? _____

_____

5. ¿Modera Ud. la marcha cuando ve un coche patrulla? _____

_____

6. ¿Ha tenido Ud. un accidente grave manejando un carro? _____

_____

7. ¿A quiénes hay que avisar cuando uno tiene un accidente? _____

_____

8. ¿A qué horas del día hay mucho tráfico en el centro? _____

_____

X. Writing activity

You and some Spanish-speaking friends are relating embarrassing moments that you have experienced. Your story is written in the first person, and is as follows: cars have always interested you; you recall that during your childhood you used to place your hand on the steering wheel when your father was driving. You took driving lessons (**lecciones de manejar**) in high school, and when you were fifteen, you and most of your friends already knew how to drive. The day you reached (use **cumplir**) sixteen, you went to the office where driver's licenses are issued (use **expedir**, conjugated like **pedir**). The examiner (**examinador**) sat down in the car, and you started (use **poner en marcha**) it. It was very windy that day, and when you entered the street, the wind carried away some of the examiner's papers. Looking for other papers that were on the floor, you collided with a car that was passing on the right; you didn't get your driver's license that day.

_____

_____

_____

_____

_____

_____

_____

_____

_____

_____

_____

_____

_____

_____

_____

_____

_____

Lectura 5

I. Word study

Scan **Lectura 5**, pp. 312–316, and then write a related word in the space provided after each of the following words; then use the related words in complete sentences:

1. camino _____

2. colonia _____

3. esclavo _____

4. Europa _____

5. explorar _____

6. gobierno _____

7. leer _____

8. misión _____

9. origen _____

10. vivo _____

II. Comprehension activity

Using the information given in the **Lectura**, complete the following sentences:

1. Antes del siglo XIX, varias partes de los Estados Unidos _____

_____

2. En 1512, Ponce de León _____

_____

3. En 1541, Hernando de Soto _____

_____

4. El primer europeo que atravesó el continente norteamericano _____

_____

5. Cabeza de Vaca y tres compañeros vivieron varios años _____

_____

6. En 1542, Juan Rodríguez Cabrillo _____

_____

7. Juan de Oñate fundó el primer pueblo español _____

_____

8. Los españoles buscaban riquezas, pero también deseaban _____

_____

9. El padre Bartolomé de las Casas se estableció primero _____

_____

10. En Texas, Nuevo México, Arizona y California hay muchas _____

_____

11. En San Antonio, el Álamo fue _____

_____

12. En California, Fray Junípero Serra estableció _____

_____

13. Las naranjas, las aceitunas y las uvas no _____

_____

14. Se usa la leche del chicle, una planta que se originó en América, _____

_____

15. La patata, o papa, que se originó en los Andes, ha llegado _____

_____

Lección 19

I. Vocabulary practice

Rearrange the following items to form sentences, changing the infinitives to the corresponding form of the present indicative or present subjunctive, as required:

1. a Miguel/ de Ingeniería Agrícola/ el jefe/ llamar/ de la escuela

   _____

2. no ha encontrado/ decir/ todos le/ trabajo/ que Miguel

   _____

3. en junio/ porque su beca/ Miguel/ termina/ estar preocupado

   _____

4. en la agencia/ que él/ de empleo/ hace meses/ hacer solicitudes

   _____

5. con un amigo/ tener/ del jefe/ Miguel/ una entrevista

   _____

6. de una empresa/ ser/ en Puerto Rico/ el amigo/ el gerente

   _____

7. agrícola/ que entender/ él busca/ de maquinaria/ un candidato

   _____

8. más trabajador/ a nadie/ que Miguel/ no conocemos/ que ser

   _____

II. Forms of verbs ending in -ducir: traducir, "to translate"

Complete with the corresponding form of **conducir**, **producir**, or **traducir** in the present indicative, present subjunctive, or preterit tense:

1. No creo que la joyería _____ artículos de plata. 2. Yo _____
   la solicitud para la agencia de empleo ayer. 3. El taxista _____ desde hace
   muchos años. 4. ¿Ha visto Ud. los hermosos edificios que la civilización musulmana
   _____ en España? 5. Por lo común yo _____ el carro.
   6. Hoy día esos pueblos _____ objetos de cerámica. 7. Es lástima que tu
   padre no _____ de noche. 8. Queremos que Uds. _____

estos versos al francés. 9. ¿Qué tipo de artículo quieren Uds. que nosotros _____?

10. Me dicen que Jorge y Roberto _____ la carta ayer.

III. The subjunctive in noun clauses after impersonal expressions

Complete with the infinitive, or with the corresponding form of the verb in the present indicative or present subjunctive tense, as required:

1. Es importante que Juan (**obtener**) _____ el puesto. 2. Es cierto que ella

(**jugar**) _____ muy bien al tenis. 3. ¿Es difícil (**aprender**)

_____ japonés? 4. Es urgente que yo (**encontrar**) _____

trabajo. 5. Es lástima que tú no (**saber**) _____ manejar. 6. No es cierto que

él (**poder**) _____ ingresar en la universidad. 7. Será mejor (**traducir**)

_____ la palabra. 8. Es necesario que tú (**comprar**) _____

los boletos. 9. Es verdad que ella (**pensar**) _____ siempre en Uds. 10. ¿Es

posible que ella (**llegar**) _____ mañana? 11. Es dudoso que Elena (**manejar**)

_____ el carro. 12. Será preciso que Ud. (**hacer**) _____
las reservas.

IV. Adjective clauses and relative pronouns

Supply the relative pronouns (in some cases, there is more than one correct answer):

1. Los ingenieros con _____ hablamos ayer son de Chile. 2. El problema de la

maquinaria, de _____ me escribieron Uds., es muy grave. 3. El gerente de la

empresa, _____ reside en Puerto Rico, acaba de llamarme por teléfono. 4. El

profesor no devolvió los ejercicios, _____ nos pareció raro. 5. La secretaria

_____ tradujo la carta se llama Carmen. 6. Los empleados _____

nos escribieron no están contentos con el horario de las comidas. 7. Agradecemos mucho las

tarjetas _____ nos han mandado. 8. Los primos de Diana, _____

residen en Buenos Aires, pasarán las vacaciones con nosotros.

V. Subjunctive or indicative in adjective clauses

Complete with the corresponding form of the present indicative or present subjunctive tense, as required:

1. Buscamos un médico que (**hablar**) _____ alemán.

2. No conozco a nadie que (**ser**) _____ tan competente como él.

3. ¿Conoce Ud. a los señores que (**pensar**) _____ comprar este edificio?

4. Buscan una persona que (**querer**) _____ residir allí.

5. Preferimos un empleo que (**pagar**) _____ bien.

6. En esta tienda siempre hallamos algo que nos (**gustar**) _____.

7. Busco a la enfermera que (**trabajar**) _____ los domingos.

8. ¿Conocen Uds. a alguien a quien yo (**poder**) _____ recomendar?

9. Nos interesa la secretaria que (**saber**) _____ varias lenguas.

10. No encuentro a nadie que (**recordar**) _____ las palabras de la canción.

11. No hay ninguna joven que (**conocer**) _____ a la señora Ortega.

12. Necesitamos una persona que (**haber**) _____ vivido allí.

VI. <u>Hacer</u> in time clauses

A. Answer the questions, using the information given in parentheses to express an action that started in the past and is still going on, following the model.

MODEL: ¿Desde cuándo conoces a María? (**dos años**) → **Conozco a María desde hace dos años,** *or* **Hace dos años que conozco a María.**

1. ¿Desde cuándo disfruta Miguel de la beca? (**cuatro años**)

   _____

2. ¿Cuánto tiempo hace que tú piensas estudiar medicina? (**dos semestres**)

   _____

3. ¿Cuánto tiempo hace que tus tíos viven en México? (**seis meses**)

   _____

4. ¿Desde cuándo estudia Ud. el español? (**siete meses**)

   _____

5. ¿Desde cuándo conduce Ud. el mismo carro? (**unos cinco años**)

   _____

B. Answer the questions, using the information given in parentheses to express how long an action had been going on, following the model.

MODEL: ¿Cuánto tiempo hacía que conocías a María? (**seis meses**) → **Yo conocía a María desde hacía seis meses,** *or* **Hacía seis meses que yo conocía a María.**

1. ¿Cuánto tiempo hacía que Roberto se sentía mal? (**dos días**)

   _____

2. ¿Desde cuándo trabajaba Jaime en esa tienda? (**dos semanas**)

   _____

3. ¿Cuánto tiempo hacía que Ana no asistía a clase? (**ocho días**)

   _____

113

4. ¿Cuánto tiempo hacía que Uds. recibían esa revista? (**un año**)

_____

5. ¿Desde cuándo jugaba Ud. al fútbol? (**unos cinco años**)

_____

VII. Spanish equivalents for "to become" or "to get"

Complete the following sentences by using the corresponding form of the preterit indicative tense of one of the verbs listed below; in the case of certain sentences, there is more than one correct answer:

hacerse   llegar a ser   ponerse   volverse

1. Al ver al médico, ella _____ muy nerviosa.

2. Como ella es muy inteligente, pronto _____ profesora.

3. Miguel casi _____ loco haciendo solicitudes de empleo.

4. El día _____ muy nublado.

5. Al saber la noticia, Roberto _____ rojo.

6. Trabajando día y noche, ese hombre de negocios _____ rico.

VIII. The infinitive after verbs of perception

Rewrite the following sentences, changing the clauses with **cuando** to the infinitive construction, as in the model.

MODEL: Vimos al taxista cuando pasaba por la izquierda. → **Vimos al taxista pasar por la izquierda.**

1. Miguel vio a Inés cuando ella salía de la residencia.

_____

2. Mirábamos a los jóvenes cuando jugaban al fútbol.

_____

3. Yo oí el teléfono cuando sonó.

_____

4. Escuchábamos al profesor cuando pronunciaba las palabras nuevas.

_____

5. Vimos a Miguel cuando entraba en la agencia de empleo.

_____

6. ¿Oíste a Isabel cuando tocó anoche?

_____

IX. Personal questions

Write answers to these questions, using complete sentences:

1. ¿Cuánto tiempo hace que Ud. asiste a esta universidad? _____

_____

2. ¿Qué carrera profesional le interesa a Ud.? _____

_____

3. ¿Qué carrera profesional recomendaría Ud. a un joven que va a empezar sus estudios

universitarios? _____

_____

4. ¿Le interesaría a Ud. obtener un puesto en Puerto Rico? _____

_____

5. ¿Conoce Ud. a alguien que haya vivido en Puerto Rico? _____

_____

6. ¿Es necesario que Ud. obtenga un puesto pronto? _____

_____

7. ¿Es fácil o difícil encontrar trabajo hoy día? _____

_____

8. Si Ud. necesita un puesto, ¿a quién pedirá que lo (la) recomiende? _____

_____

X. Writing activity

Complete the following dialogue by supplying the missing exchanges. You meet a friend, Joe, who has just returned from the program the university conducts in Madrid. You ask questions about the program and then discuss ways of earning money for your expenses:

USTED	—¡Hola, José! ¿Cuándo volviste del programa en Madrid?	
JOSÉ	—_____	
USTED	—Y, ¿qué tal el programa?	
JOSÉ	—_____	
USTED	—¿Viviste con una familia o en la Ciudad Universitaria?	
JOSÉ	—_____	
USTED	—Como sabes, espero poder participar en el programa el año que viene. Pero he oído decir que la vida en Madrid es cara. ¿Es cierto?	
JOSÉ	—_____	

USTED	—¡Claro! Hay que disfrutar de todo y hacer excursiones a lugares interesantes. Tengo que buscar maneras de ganar más dinero.
JOSÉ	—_____
USTED	—Ahora estoy trabajando en la biblioteca de la universidad, pero pagan muy poco.
JOSÉ	—_____
USTED	—Sí, hace tiempo que entregué mi solicitud en la agencia de empleo.
JOSÉ	—_____
USTED	—Durante el verano pienso trabajar en un hotel en la sierra.
JOSÉ	—_____
USTED	—Por supuesto. Me gustó mucho el lugar y gané mucho dinero.
JOSÉ	—_____
USTED	—Sí, creo que volverán a darme trabajo. Parece que hay varias vacantes todavía.
JOSÉ	—_____
USTED	—Gracias, José. Te llamaré si tengo más preguntas.
JOSÉ	—_____
USTED	—Hasta luego, José.

Lección 20

I. Vocabulary practice

Find among the following words and phrases the ones you associate with the words and phrases listed below; use each word or phrase only once:

de crédito	el boleto	la computadora	el asiento
de la salida	de viajes	confirmar	la luna de miel
la maleta	la parada	el parque	el pasajero
directo	el pasaporte	personal	de piedra

1. la agencia _____

2. casarse _____

3. consultar _____

4. el cheque _____

5. sencillo _____

6. facturar _____

7. la fecha _____

8. presentar _____

9. la tarjeta _____

10. el vuelo _____

II. Forms of verbs ending in -ger, -gir and in -iar, -uar

Complete the following sentences by using the corresponding form of the present indicative or present subjunctive tense of one of the four verbs listed below:

escoger   dirigirse a   enviar   continuar

1. Si yo _____ el paquete por avión, llegará mañana.

2. Insistimos en que Uds. _____ sus estudios en esta universidad.

3. ¿A quién _____ (yo) para cambiar los boletos?

4. Queremos que los jóvenes _____ la fecha para la fiesta.

5. Estando en Montevideo, ¿por qué no _____ tú el viaje hasta Buenos Aires?

6. Ellos _____ el dinero mañana, ¿verdad?

7. Tus amigos siempre _____ los peores asientos.

8. Oí decir que los problemas de Ana _____ .

9. Recomiendo que Uds. _____ al gerente sobre ese asunto.

10. ¿Es necesario que nosotros _____ viviendo en la residencia?

11. Es mejor que él me _____ la revista a casa.

12. ¿Cuál de los discos _____ nosotros para Isabel?

III. The present subjunctive used in command forms

Answer each question with a negative and then with an affirmative formal command, following the model.

MODEL: ¿Lo traigo ahora? → **No, no lo traiga Ud. ahora; tráigalo más tarde.**

1. ¿Lo continúo ahora? _____

_____

2. ¿Lo organizo ahora? _____

_____

3. ¿Lo envío ahora? _____

_____

4. ¿Las entrego ahora? _____

_____

5. ¿Los escojo ahora? _____

_____

6. ¿Las traduzco ahora? _____

_____

7. ¿Me dirijo a él ahora? _____

_____

8. ¿Me despido ahora? _____

IV. The subjunctive in adverbial clauses

After reading the two statements, combine them in one sentence by means of the conjunction within parentheses, following the model.

MODEL: Ana no partirá. Su padre le enviará el dinero. (hasta que) → **Ana no partirá hasta que su padre le envíe el dinero.**

1. Entraremos en la sala. Empezará la conferencia. **(cuando)**

_____

2. Cerraremos los libros. El profesor llegará. **(en cuanto)**

_____

3. Haremos la excursión. Continuará lloviendo. **(aunque)**

_____

4. Iremos a la boda. Ana se enfermará. **(a menos que)**

_____

5. Lo visitaré. Él volverá de clase. **(después de que)**

_____

6. Veremos a Laura. Ella se graduará en junio. (**antes de que**)

_____

7. Dígaselo. Ella no escogerá otra universidad. (**para que**)

_____

8. Le mandaré flores. Ella regresará del hospital. (**antes de que**)

_____

V. Subjunctive or indicative in adverbial clauses

Complete with the corresponding form of the present indicative or present subjunctive tense, as required:

1. No le dé Ud. nada hasta que él (**acercarse**) _____ .

2. En cuanto llego a Puerto Rico, (**asistir**) _____ a las fiestas.

3. Dejémosle las maletas para que él las (**facturar**) _____ .

4. Ellos no podrán llevarse el carro sin que nosotros los (**oír**) _____ .

5. El partido comienza ahora, aunque se (**decir**) _____ que va a llover.

6. Saldremos por la mañana a menos que se (**cancelar**) _____ el vuelo.

7. Después de que Rita te (**traer**) _____ las fotos, quiero que me las enseñes.

8. Hable Ud. más despacio para que nosotros (**poder**) _____ comprenderlo.

9. Ese chico siempre me pide algo cuando me (**ver**) _____ .

10. A Elena le gusta escuchar la radio mientras (**manejar**) _____ su carro.

VI. The definite article as a demonstrative pronoun

Rewrite each sentence, substituting the corresponding definite article for the noun before **de** and **que**, as in the models.

MODELS: Queremos esa foto y la foto de Ana. → **Queremos esa foto y la de Ana.**
Esta tarjeta y la tarjeta que tú mandaste son bonitas. → **Esta tarjeta y la que tú mandaste son bonitas.**

1. Este carro y el carro del profesor no son caros.

_____

2. Me llevo este anillo y el anillo que Isabel escogió.

_____

3. Vamos a enviarle este mapa y el mapa de Inés.

_____

4. Me gustan esta clase y la clase de francés.

_____

5. Estas maletas y las maletas de Carolina son muy caras.

_____

6. Me interesan esas comedias y las comedias que recomendó Ud.

_____

VII. El (la, los, las) que, quien, and lo que as compound relative pronouns

Complete the following sentences with **el (la, los, las) que**, **quien (quienes)**, or **lo que** (in certain cases, more than one answer may be correct):

1. Esos discos son _____ compró Luisa.

2. _____ da primero, da dos veces.

3. ¿No recuerdas _____ nos aconsejaron?

4. _____ trabajen más obtendrán los ascensos.

5. Esta joven es _____ llegó ayer.

6. _____ mal hace, mal espere.

7. _____ ellos dicen no es cierto.

8. _____ escuchan su mal oyen.

9. Esas revistas no son _____ trajimos.

10. _____ mal anda mal acaba.

VIII. Possessive pronouns

Answer the questions affirmatively, using a possessive pronoun for the words in italics, following the model.

MODEL: ¿Confirmó Ud. _su boleto?_ → **Sí, confirmé el mío.**

1. ¿Compró Ud. _el carro de Juan?_____

2. ¿Viene Ud. a _nuestro cuarto?_____

3. ¿Traen Uds. _sus pasaportes?_____

4. ¿Hallaron Uds. _mis llaves?_____

5. ¿Facturó Ud. _mi maleta?_____

6. ¿Envolvió Ud. _mis paquetes?_____

7. ¿Vieron Uds. _mi bicicleta?_____

8. ¿Es de oro _el anillo de Ana?_____

IX. The use of pero and sino

Complete with **pero** or **sino**, as required:

1. No fuimos al cine, _____ a la discoteca.

2. La profesora no es rica, _____ es muy inteligente.

3. Me gustó la chaqueta, _____ no quise comprarla.

120

4. Ese vuelo no va a San Antonio, _____ a Los Ángeles.

5. Busqué a Laura, _____ no la encontré.

6. Parece que Jorge no va en carro, _____ en avión.

X. Personal questions

Write answers to these questions, using complete sentences:

1. Cuando uno tiene que hacer un viaje en avión, ¿dónde puede comprar los boletos?_____

   _____

2. ¿Cuántas agencias de viaje hay cerca de la universidad?_____

   _____

3. Cuando Ud. viaja en avión, ¿prefiere facturar sus maletas o llevarlas consigo?_____

   _____

4. ¿Cuántas veces ha comprado Ud. boletos de ida y vuelta este año?_____

   _____

5. ¿Paga Ud. sus cuentas con tarjeta de crédito o con cheque personal?_____

   _____

6. ¿Adónde piensa Ud. ir en su próximo viaje en avión?_____

   _____

7. ¿Le gustaría a Ud. continuar sus estudios en algún país extranjero?_____

   _____

8. Para poder entrar en muchos países, ¿qué necesita uno llevar?_____

   _____

XI. Writing activity

The Business School has invited Mr. Campos, a Mexican economist, to give a lecture. You are the secretary of the School. Write a brief report in Spanish informing the faculty about the arrangements being made. Include the following information: Mr. Campos has accepted the invitation and will arrive on the first of next month; you have sent him a round-trip ticket; Mr. Campos has informed you that he will bring his wife; the School will pay for his ticket, but not for hers; he has requested you to make reservations for them at a nearby hotel; you and the director (**director**) of the School will meet your guests when they arrive, and will take them to the hotel; the time of the lecture will be 8 P.M.; the subject of the lecture should interest not only the students and professors of the School, but also the general public.

_____

_____

_____

_____

_____

_____

_____

_____

_____

_____

_____

_____

_____

Lectura 6

I. Word study

Scan **Lectura 6**, pp. 352–358, and list four noun cognates of each of the following types: Spanish nouns that have a final **-a, -e**, or **-o** that is lacking in English; Spanish **-cio, -cia** = English **-ce**; Spanish **-ía, -io** = English **-y**. Do not include words that appear as examples in the **Estudio de palabras** section of this **Lectura**.

_____   _____   _____

_____   _____   _____

_____   _____   _____

_____   _____   _____

II. Comprehension activity

Read each sentence carefully. If the statement is correct, rewrite it, beginning your sentence with **Sí**. If the statement is incorrect, correct it, beginning your sentence with **No**, and making the necessary changes:

1. Abundantes huellas del dominio español se encuentran hoy día en varias regiones de los Estados Unidos. _____

_____

_____

2. La Florida lleva el nombre de una isla que se menciona en una antigua novela española.

_____

_____

3. En el suroeste muchos ríos y montañas tienen nombres españoles. _____

_____

4. El número de hispanohablantes en nuestro país no es significativo. _____

_____

5. En todo el país hay tiendas, restaurantes, cines y periódicos que representan las comunidades hispanas. _____

_____

6. No hay estaciones de radio ni de televisión que ayuden a mantener vivo el uso del español.

_____

_____

7. Los balcones y las rejas de muchas casas en el suroeste recuerdan la arquitectura indígena.

_____

_____

8. Numerosos hispanos se han distinguido en todos los aspectos de la vida de nuestro país.

_____

_____

9. Lee Treviño y Pancho González se han distinguido como jugadores de béisbol. _____

_____

10. La película "La Bamba" trajo nuevos elementos hispanos al cine de Hollywood. _____

_____

11. Hoy día no hay actores hispanos que desempeñen papeles importantes en las películas de Hollywood. _____

_____

_____

12. Puerto Rico ganó su independencia en 1898. _____

_____

13. Santurce y Río Piedras, en el norte de la isla, son importantes centros industriales. _____

_____

14. El turismo es una de las bases de la economía de Puerto Rico. _____

_____

_____

15. Puerto Rico es uno de los centros culturales más importantes del mundo hispánico. _____

_____

Lección 21

I. Vocabulary practice

Complete the following conversation by selecting appropriate words or phrases from the list below. Use each word or phrase only once:

equipaje	consultáramos	invierno	consejos
la fecha	ingeniero	hacerle	invitemos
negocios	preocupemos	la pena	pensar en
sin duda	al sur	sin falta	vale más

1. —Se acerca _____ de nuestra partida, Alberto. Hay que _____ la ropa que queremos llevar.

2. —No nos _____ por eso. No nos permiten llevar mucho

    _____ .

3. —No olvides que ahora es _____ _____ del ecuador.

4. —Tu padre nos aconsejó que _____ con el _____ José Blanco.

5. —Creo que valdría _____ . Sus _____ le han llevado varias veces a Suramérica.

6. —¿Quieres que lo _____ a casa para _____ algunas preguntas?

7. —Lo llamo en seguida. _____ podrá darnos algunos _____ .

8. —Pero ya es tarde. _____ que lo llames mañana por la mañana. Pero hazlo

    _____ .

II. The imperfect subjunctive

A. Complete the sentences by using one of the verbs listed below in the corresponding form of the imperfect subjunctive, first in the **-ra** form and then in the **-se** form. Certain verbs may be used more than once:

beber	comprar	comprender	escribir	vivir
llamar	llevar	prometer	recibir	

1. Él me aconsejó que (yo) no _____ _____ el artículo.

2. Fue mejor que ella _____ _____ la beca.

3. Sería bueno que Uds. _____ _____ una lavadora de platos de otra marca.

4. Yo les aconsejé que _____ _____ dinero suficiente.

5. Sería mejor que Uds. _____ _____ boletos de ida y vuelta.

6. Temíamos que ellos no _____ _____ el paquete a tiempo.

7. Fue lástima que Uds. no me _____ _____ antes de la conferencia.

8. Yo dudaba que él _____ _____ comprarle un anillo.

9. No permitían que los estudiantes _____ _____ vino en sus cuartos.

10. Querían que nosotros _____ _____ a los padres de Juan.

11. Fue necesario que nosotros _____ _____ lejos del centro.

12. Temíamos que los estudiantes no _____ _____ al profesor.

B. Form sentences by rearranging the elements and changing the infinitives of the stem-changing verbs to the corresponding form of the imperfect subjunctive. Use the **-ra** form for items 1–6 and the **-se** form for items 7–12:

1. aquéllos / que estos boletos / ella no creía / costar / más que

   _____

2. pedir / que la policía / el carnet / me / yo temía

   _____

3. las ventanas / que yo / la profesora / cerrar / me pidió

   _____

4. la cámara / yo le / cinematográfica / devolver / dije que

   _____

5. los regalos / Roberto / que yo / envolver / me pidió

   _____

6. divertirse / de que / en la fiesta / Uds. / nos alegramos

   _____

7. la casa de correos / encontrar / querían / enfrente de / que nos

   _____

8. recomendar / me pidió / un buen hotel / que le / Alberto

   _____

9. en la residencia / dormir / fue mejor / anoche / que ellos

   _____

10. anoche / que / durante la fiesta / llover / fue lástima

   _____

126

11. mejor / que ella / hoy / sentirse / esperábamos

_____

12. poco equipaje / preferir / yo esperaba / llevar / que él

_____

C. Complete the following sentences with the corresponding form of the imperfect subjunctive of one of the irregular verbs listed below. Using each verb only once, use the **-ra** form in the first ten sentences, and the **-se** form in the last ten:

creer	dar	decir	estar
haber	hacer	ir	leer
poder	poner	querer	saber
ser	tener	traducir	traer
venir	enviar	graduarse	oír

1. Fue imposible que nosotros _____ nuestras bicicletas.

2. Me parece raro que tú no le _____ nada.

3. Fue extraño que no _____ heridos.

4. Queríamos que ella _____ la novela.

5. Nos pidieron que (nosotros) _____ los abrigos sobre el sofá.

6. No podían creer que Elena _____ nuestra profesora.

7. ¿Sería posible que Uds. nos _____ un poco de dinero?

8. Ellos no creían que Ana _____ este año.

9. Sería mejor que Ud. _____ a consultar al médico.

10. María me pidió que le _____ estos versos al inglés.

11. No creíamos que ella _____ nuestra dirección.

12. Nos pareció extraño que nadie _____ mirar las transparencias.

13. Él recomendó que yo le _____ la solicitud al jefe.

14. Temíamos que ellos no _____ las noticias.

15. Yo temía que ellos no _____ encontrar un buen apartamento.

16. Fue lástima que Uds. _____ enfermos.

17. La profesora quería que tú le _____ algunas preguntas.

18. Juanita me rogó que (yo) no _____ tarde al concierto.

19. Fue lástima que nosotros no _____ el teléfono.

20. Queríamos que tú _____ la misma oportunidad.

III. The pluperfect subjunctive

Form sentences by rearranging the elements and changing the infinitives to the corresponding form of the pluperfect subjunctive; use the **-ra** form in sentences 1–3, and the **-se** form in sentences 4–6:

1. comprar/ no creía/ la cámara/ que Alberto/ yo

   _____

2. esa película/ no/ es extraño/ ver/ que ellas

   _____

3. al profesor/ se lo/ no parecía posible/ decir/ que Ana

   _____

4. traducir/ que él/ todavía/ no lo/ me molestó

   _____

5. el dinero/ le/ todos dudaban/ dar/ que nosotros

   _____

6. escribir/ que Uds./ algunas líneas/ no nos/ sentíamos

   _____

IV. Use of the subjunctive tenses

A. Rewrite each sentence, using the initial phrase given in parentheses, following the model. Use the **-ra** form of the imperfect subjunctive in the dependent clause of 1–4, and the **-se** form in 5–8:

MODEL: Es mejor que Ud. vaya. **(Fue mejor)** → **Fue mejor que Ud. fuera.**

1. No hay nadie que comprenda eso. **(No había)** _____

   _____

2. Alberto busca una cámara que le guste. **(Alberto buscaba)** _____

   _____

3. No es cierto que Jaime conozca la ciudad. **(No fue cierto)** _____

   _____

4. Quieren que nos encontremos enfrente de la casa de correos. **(Querían)** _____

   _____

5. Será posible que ella escoja otra marca. **(Sería posible)** _____

   _____

6. Les traigo las fotos para que Uds. las vean. **(Les traje)** _____

   _____

7. Yo le aconsejo a Luis que les muestre la carta. **(Yo le aconsejé)** _____

_____

8. José recomienda que nosotros vayamos a otra tienda. **(José recomendó)** _____

_____

B. Complete with the corresponding form of the present or imperfect subjunctive of the verb in parentheses, using the **-ra** form when the imperfect subjunctive tense is required:

1. Fue lástima que el novio de Silvia **(tener)** _____ que salir de viaje.

2. Ellos se alegran de que nosotros no **(hacer)** _____ la excursión mañana.

3. Los novios buscaban un apartamento que **(estar)** _____ cerca de la universidad.

4. Queríamos visitar a Isabel antes de que ella **(partir)** _____ para España.

5. No había nadie que **(querer)** _____ asistir a la conferencia.

6. Es necesario que Alberto **(buscar)** _____ otra maleta.

7. ¿Les aconsejó a Uds. que **(escoger)** _____ otra agencia?

8. Fue preciso que ellos **(volver)** _____ pronto.

V. <u>Si</u>-clauses

A. Complete with the corresponding form of the verb; when the imperfect subjunctive is required, use the **-ra** form:

1. Si Ud. **(poder)** _____ enviarme las entradas, se lo agradecería mucho.

2. Si yo **(haber)** _____ sabido que Uds. estaban aquí, los habría invitado.

3. Si Uds. **(hacer)** _____ las reservas hoy, no tendrán problemas.

4. Si tú **(haber)** _____ traído un abrigo, no habrías pescado un resfriado.

5. Podremos sacar muchas fotos si **(llevar)** _____ una cámara.

6. Si me lo **(permitir)** _____ mis padres, yo haría el viaje con Uds.

7. Yo le haré algunas preguntas si (yo) **(encontrarse)** _____ con él.

8. Yo le daría algunos consejos si (yo) **(ser)** _____ profesor suyo.

B. Form new conditional sentences, following the model.

MODEL: Yo lo haría, pero no tengo tiempo. → **Si yo tuviera tiempo, lo haría.**

1. Yo compraría el libro, pero el profesor no lo recomienda.

_____

2. Le enviaríamos una tarjeta, pero no tenemos estampillas.

_____

3. Te acompañaríamos, pero no quedan asientos en ese vuelo.

_____

4. Ellos alquilarían el apartamento, pero no está amueblado.

_____

5. Luis llevaría un paraguas, pero no está lloviendo ahora.

_____

6. Yo le daría algunos consejos, pero él no me consulta.

_____

VI. Forms of <u>valer</u>, "to be worth"

Complete with the corresponding form of **valer** in the present indicative, present subjunctive, future, or conditional; in certain cases, two or more answers may be correct:

1. ¿Creen Uds. que _____ la pena estudiar español?

2. Nosotros creemos que _____ la pena estudiarlo.

3. ¿Cuánto _____ estos aretes de oro?

4. Es posible que _____ mucho.

5. _____ la pena que Uds. estudiaran un poco más.

6. No creo que yo _____ mucho como cantante.

VII. Personal questions

Write answers to these questions, using complete sentences:

1. Si Ud. pudiera hacer un viaje por nuestro país este verano, ¿qué estados visitaría? ¿Por qué?

_____

2. ¿Haría Ud. el viaje en coche, en tren o en avión? _____

_____

3. ¿Qué ropa tendría Ud. que comprar si tuviera que salir pasado mañana? _____

_____

4. Si Ud. necesitara dinero durante su viaje, ¿a quién se lo pediría? _____

_____

5. ¿A quiénes escribiría Ud. cartas o tarjetas durante su viaje? _____

_____

6. ¿Saca Ud. muchas fotografías cuando viaja? _____

_____

7. ¿Ha tenido Ud. la oportunidad de viajar con un equipo de la universidad? _____

_____

8. Si la universidad tuviera un centro de estudios en algún país extranjero, ¿le interesaría a Ud.

asistir a él? _____

_____

VIII. Writing activity

Write a letter to your parents with the following information: they will be happy to learn that the School of Business has selected you as one of fifteen students who will attend the study abroad program that the School has organized in Japan (**el Japón**); the group will spend the spring quarter in Japan. You will live with a Japanese family and thus will have the opportunity not only to practice the language, but also to become acquainted with the way of life of the people. You speak Japanese quite well, but if you had known that you would have this opportunity, you would have studied much harder. There will be classes in the language and civilization of the country, and you will visit several factories and firms. You have received your passport and you plan to return home next week to get ready for the trip. Finally, you hope that your sister will let you use her camera and tape recorder during the trip. Greetings to all, Your son (daughter), (. . . . . . .)

Queridos padres:

_____

_____

_____

_____

_____

_____

_____

_____

_____

_____

_____

_____

_____

_____

_____

I. Vocabulary practice

The school year is over, and students are saying good-bye to one another. Complete the following exchanges by selecting appropriate words or phrases from the list below. Use each word or phrase only once:

antes de	consiguiera	de menos	despedirnos
fantástico	fue construida	harán	para
pasado	piropos	podamos	por casualidad
puedan	se alegrarán	se haría	sepan

1. —Es lástima que no _____ reunirnos otra vez _____ marcharnos.

2. —Miguel se marchó el sábado _____ y ya le echamos _____.

3. —¡Cuánto _____ los padres de Jorge cuando _____ que ha decidido regresar a España!

4. —¿Qué _____ nuestras amigas sin un compañero que les diga _____?

5. —Jorge _____ rico si _____ un puesto en este país.

6. —¡Ojalá que _____ visitarnos unos días en la casa que _____ por mis padres en la costa!

7. —¿Han visto _____ a Beatriz? Queremos que ella vaya con nosotros a _____ del profesor.

8. —Yo tengo que salir _____ la estación en seguida. ¡Que pasen todos un verano _____!

II. Familiar <u>vosotros</u> commands

A. Answer each question with a negative and an affirmative familiar **vosotros** command, following the model.

MODEL: ¿Contestamos ahora? → **No, no contestéis ahora. Contestad más tarde.**

1. ¿Volvemos ahora? _____

2. ¿Salimos ahora? _____

3. ¿Almorzamos ahora? _____

4. ¿Lo traemos ahora? _____

5. ¿Lo entregamos ahora? _____

6. ¿Se lo damos ahora? _____

B. Change to affirmative and negative familiar **vosotros** commands, following the model.

MODEL: Hazlo (tú) → **Hacedlo (vosotros). No lo hagáis.**

1. Dímelo (tú). _____

2. Vete (tú). _____

3. Detente (tú). _____

4. Lávate (tú). _____

5. Duérmete (tú). _____

6. Póntela (tú). _____

III. **The passive voice**

Answer the questions in the affirmative, changing the active verb to the passive voice, as in the model.

MODEL: ¿Envió Miguel el pastel? → **Sí, el pastel fue enviado por Miguel.**

1. ¿Recibió Alberto el pasaporte?

   _____

2. ¿Solicitaron las becas muchos estudiantes?

   _____

3. ¿Sacaron los estudiantes esas fotos?

   _____

4. ¿Facturará José las maletas mañana?

   _____

5. ¿Anunciará el profesor la fecha del examen?

   _____

6. ¿Prepararán el programa Isabel y Beatriz?

   _____

7. ¿Escogerá Miguel el restaurante?

   _____

8. ¿Firmará la carta Inés?

   _____

IV. Reflexives as reciprocal pronouns

Complete the sentences by using the corresponding form of one of the verbs listed below in the reciprocal construction, in the present indicative or present subjunctive tense. Use each verb only once, following the model.

MODEL: Desde el accidente Juan y Luis no _____ (hablar). → **Desde el accidente Juan y Luis no se hablan.**

conocer	entender	escribir
querer	ver	visitar

1. Como tenemos las mismas clases, Ana y yo _____ casi todos los días.

2. Aunque Luis y José son muy diferentes, parece que _____ muy bien.

3. Como mis padres y yo preferimos hablar por teléfono, ya no _____ .

4. Como Mario y yo fuimos a la misma escuela, _____ desde hace mucho tiempo.

5. Aunque Clara almuerza con Marta casi todos los días, ellas no _____ a menudo.

6. Aunque Roberto sale mucho con Laura, no creo que _____ mucho.

V. The subjunctive mood in a polite or softened statement

Complete with the corresponding form of the verb:

1. (**querer**) Yo _____ solicitar la beca.

2. (**querer**) Nosotros _____ reunirnos de vez en cuando.

3. (**deber**) ¿_____ yo usar las formas peninsulares?

4. (**deber**) Uds. _____ invitar a la profesora también.

5. (**poder**) ¿No _____ tú buscar otro empleo?

6. (**poder**) ¿_____ Ud. visitar a José en el hospital?

VI. The subjunctive mood with ¡ojalá (que)!

Write statements in support of the following statements beginning with "**ojalá que**," using the appropriate form of the verb appearing in the infinitive form in the original statement, following the model. Use the present subjunctive form of the verb in responses 1 and 2; the imperfect subjunctive in 3 and 4, and the pluperfect subjunctive in 5 and 6.

MODEL: Juan y María quieren ir a Puerto Rico. → **¡Ojalá que Juan y María vayan a Puerto Rico!**

1. Beatriz piensa estudiar arte en España.

¡Ojalá (que) _____!

2. Los estudiantes desean llegar a tiempo al concierto.

¡Ojalá (que) _____!

3. Nosotros quisiéramos pasar el verano en la costa.

¡Ojalá (que) _____!

4. Uds. esperaban graduarse en junio.

¡Ojalá (que) _____!

5. Yo no pude visitar la fábrica con Uds.

¡Ojalá (que) _____!

6. El profesor no pudo darle una buena recomendación.

¡Ojalá (que) _____!

VII. Forms of <u>reunirse</u> and of verbs ending in <u>-uir</u>

A. Complete with the corresponding forms of **reunirse** in the present indicative, present subjunctive, or imperative, as required:

1. ¿_____ ellos con los estudiantes mexicanos? 2. Sí, y nosotros

_____ con ellos también. 3. Quiero que tú _____ con los

estudiantes de primer año. 4. Y queremos que Ud. _____ con los estudiantes

de primer año. 5. Pero yo _____ con ellos a menudo. 6. _____

tú con ellos también, Juan. 7. Y vosotros, _____ con los de segundo año.

8. No _____ (vosotros) con los de primer año.

B. Complete with the corresponding form of **construir**, as required by the context:

1. Se _____ los edificios de la universidad hace muchos años. 2. Ahora

quieren que se _____ algunos edificios nuevos. 3. Yo _____

la casa en que vivimos hace cinco años. 4. Una casa al lado de la mía fue _____

por un amigo mío. 5. —_____ (tú) otra casa en la playa—me dice mi padre.

6. —_____ la vosotros—le contesto yo. 7. Mi padre quisiera que yo y mis

amigos _____ muchas casas. 8. Valdría más que él las _____.

VIII. Uses of <u>para</u> and <u>por</u>

Complete with **para** or **por**, as required:

1. ¿Tienes tiempo _____ dar un paseo conmigo? 2. Es agradable pasearse

_____ aquí. 3. _____ ejemplo, podríamos ir al parque. 4. Vamos a

prepararnos _____ salir en seguida. 5. ¿Qué planes tienen Uds. _____ las

vacaciones? 6. Pensamos viajar _____ Centroamérica. 7. Estaremos allí

_____ cuatro semanas. 8. Tenemos que volver _____ el día primero de

136

septiembre. 9. Mi abuelo nos dará el dinero _____ el viaje. 10. Él pagó doscientos

dólares _____ la cámara. 11. Tengo que preparar este ejercicio _____

mañana. 12. No me gusta estudiar _____ la tarde. 13. Espero poder terminar

_____ las once. 14. Me han preguntado _____ la novia de Miguel.

15. _____ fin Miguel anuncia que se casan en junio. 16. Se celebra la boda mañana

_____ la mañana. 17. Muchas gracias _____ la carta de recomendación.

18. Veo que la carta fue firmada _____ el jefe. 19. No te preocupes _____

lo que digan. 20. Ana ha venido _____ su pasaporte.

IX. Personal questions

Write answers to these questions, using complete sentences:

1. ¿En qué mes termina Ud. sus exámenes este año? _____

_____

2. ¿Piensa Ud. continuar sus estudios aquí en el otoño? _____

_____

3. ¿Quién le aconsejó a Ud. que estudiara español? _____

_____

4. ¿Qué formas de los verbos emplea Ud., las peninsulares o las que se emplean en

Hispanoamérica? _____

_____

5. ¿Qué otras lenguas le gustaría a Ud. estudiar? _____

_____

6. ¿Qué planes tiene Ud. para el verano? _____

_____

7. ¿Qué hizo Ud. el verano pasado? _____

_____

8. Si Ud. tiene que trabajar este verano, ¿qué clase de trabajo le interesaría? _____

_____

X. Writing activity

Complete the dialogue by writing the missing exchanges in Spanish. While checking your mail at a travel agency in Seville, you run across a classmate, Louise; you both attended the farewell luncheon at the university.

USTED	—Pero, ¡quién se imaginaría que nos encontraríamos en Sevilla! ¿Cuánto tiempo hace que estás aquí, Luisa?
LUISA	—_____
USTED	—¿Estás sola o estás viajando con un grupo?
LUISA	—_____
USTED	—Yo estoy en el Hotel Alfonso XIII. Pero, vamos a tomar algo en un café. Tendremos mucho que contarnos.

(*Entran en un café y charlan mientras toman unas bebidas.*)

USTED	—Pues, empieza a contar. ¿Dónde has estado?
LUISA	—_____
USTED	—Yo también he visitado a Jorge en Madrid.
LUISA	—_____
USTED	—Si hubieras llegado unos días antes, nos hubiéramos encontrado allí.
LUISA	—_____
USTED	—Pues, hicimos varias excursiones interesantes. Como sabrás, su familia es encantadora.
LUISA	—_____
USTED	—No, no he tenido muchas noticias de nuestros compañeros.
LUISA	—_____
USTED	—Me alegro. Ya me imaginaba que Miguel estaría contento con su trabajo. Y, ¿qué planes tienes tú ahora, Luisa?
LUISA	—_____
USTED	—¡Qué interesante! Si pudiera, me gustaría pasar más tiempo por aquí. Pero ya tengo que regresar.
LUISA	—_____
USTED	—Salgo mañana por la mañana, en un vuelo de la línea Iberia.
LUISA	—_____
USTED	—Gracias, Luisa. ¡Que te diviertas mucho! Nos veremos en el otoño.

Laboratory Manual

Lección preliminar

A. Dictado. (*Dictation*) You will hear a series of words spoken three times. Listen the first time; write what you hear the second time; make any necessary corrections the third time you hear each word.

1. _____   7. _____

2. _____   8. _____

3. _____   9. _____

4. _____   10. _____

5. _____   11. _____

6. _____   12. _____

B. Now write the phrases you hear. Each phrase will be spoken three times. First listen, then write, then correct.

1. _____

2. _____

3. _____

4. _____

5. _____

6. _____

C. You will hear five Spanish names spoken three times. First listen, then write, then correct.

1. _____

2. _____

3. _____

4. _____

5. _____

D. Rewrite the five Spanish names from Exercise C, dividing them into syllables by means of a hyphen and underlining the stressed syllable of each.

1. _____

2. _____

3. _____

4. _____

5. _____

Lección 1

A. You will hear a series of short sentences. Each one will be spoken three times. Listen the first time; write what you hear the second time; listen again and make any necessary corrections the third time.

1. _____
2. _____
3. _____
4. _____
5. _____

B. You will hear a series of phrases. Each one will be spoken twice. Write the plural of each phrase, following the model. You will then hear the correct answer.

1. _____
2. _____
3. _____
4. _____
5. _____
6. _____
7. _____
8. _____

C. Listen to each question and the cue, then write an answer, following the model. The first part of your answer should be negative, and the second part should provide the correct information using the cue. You will hear each question and cue twice.

MODELO: ¿Enseña la profesora japonés? (español) → **La profesora no enseña japonés; enseña español.**

1. _____
2. _____
3. _____
4. _____
5. _____

D. You will hear a series of statements about the conversation you just heard. Each statement will be read twice. Indicate whether each statement is True **(Cierto)** or False **(Falso)**. After all five statements have been read, you will hear the conversation again so you can check your answers.

1. _____Cierto   _____Falso

2. _____Cierto   _____Falso

3. _____Cierto   _____Falso

4. _____Cierto   _____Falso

5. _____Cierto   _____Falso

Lección 2

A. You will hear a series of short sentences. Each one will be spoken three times. Listen the first time; write what you hear the second time; listen again and make any necessary corrections the third time.

1. _____
2. _____
3. _____
4. _____
5. _____
6. _____

B. You will hear three more short sentences spoken three times. First listen, then write, then correct.

1. _____
2. _____
3. _____

Now rewrite the three sentences you have just written, dividing them into syllables by means of a hyphen and using a linking sign with the sounds between words that are pronounced as a single syllable.

1. _____
2. _____
3. _____

C. Write answers to the questions you hear, following the pattern of the response in the model. Be sure to make your modifiers agree.

MODELO: Ana es inteligente. ¿Y Antonio? → **Antonio es inteligente también.**

1. _____
2. _____
3. _____
4. _____
5. _____
6. _____

D. You will hear a series of statements about the conversation you just heard. Each statement will be read twice. Check whether each statement is True **(Cierto)** or False **(Falso)**. After all five statements have been read, you will hear the conversation again so you can check your answers.

1. _____ Cierto   _____ Falso

2. _____ Cierto   _____ Falso

3. _____ Cierto   _____ Falso

4. _____ Cierto   _____ Falso

5. _____ Cierto   _____ Falso

Name_____

Section_____

Date_____

Lección 3

A. From the three choices offered, select the one that best completes the statement or answers the question you hear and circle it.

1. (a) A las seis.
   (b) Al mediodía.
   (c) A la medianoche.

2. (a) Por la mañana.
   (b) Por la tarde.
   (c) Por la noche.

3. (a) compañeras de cuarto.
   (b) horarios de comidas.
   (c) tazas de café.

4. (a) las seis.
   (b) las siete y media.
   (c) las once.

5. (a) en el reloj.
   (b) en el horario.
   (c) en la biblioteca.

B. Write an answer to the questions by referring to the time on the clocks.

1.

_____

2.

_____

3.

_____

4.

_____

5.

_____

C. Listen carefully to each question and then write an answer using the cue, as in the model.

MODELO: ¿Adónde va Carolina? (el comedor) → **Carolina va al comedor.**

1. _____
2. _____
3. _____
4. _____
5. _____

D. Dictado. You will hear a short description of Marta's day. It will be read three times. Listen the first time. Write what you hear on the lines provided the second time. Make any corrections you feel are necessary the third time.

_____

_____

_____

_____

_____

_____

_____

_____

_____

E. You will hear a series of statements about the conversation between Sr. Ruiz and Carlos. In the space provided, check whether each statement is True **(Cierto)** or False **(Falso)**. After you have heard all five statements, you will hear the conversation again so you can check your answers.

1. _____Cierto   _____Falso

2. _____Cierto   _____Falso

3. _____Cierto   _____Falso

4. _____Cierto   _____Falso

5. _____Cierto   _____Falso

Lección 4

A. From the three choices offered, select the one that best completes the statement or answers the question and circle it.

1. (a) Marta Pérez González.
   (b) Marta González Pérez.
   (c) Marta Pérez Gómez.

2. (a) El almuerzo.
   (b) El desayuno.
   (c) La cena.

3. (a) En una librería.
   (b) En una biblioteca.
   (c) En un periódico.

4. (a) Un diccionario.
   (b) Un ejemplo.
   (c) Un periódico.

B. Respond in writing to the questions using the information given. You will hear each question twice. After you have been given time to write, you will hear the correct response.

1. _____

2. _____

3. _____

4. _____

5. _____

6. _____

C. Dictado. You will hear a short narrative about Miguel's day. It will be read three times. Listen the first time. The second time it is read, write what you hear on the lines provided. The third time, make any corrections that you feel are necessary.

_____

_____

_____

_____

_____

_____

D. You will hear a series of statements about the conversation between Marta and Mario. Indicate in the space provided whether each statement is True **(Cierto)** or False **(Falso)**. If the statement is false, write the correct statement. Then you will hear the conversation again so you can check your answers.

1. _____Cierto   _____Falso

_____

2. _____Cierto   _____Falso

_____

3. _____Cierto   _____Falso

_____

4. _____Cierto   _____Falso

_____

5. _____Cierto   _____Falso

_____

6. _____Cierto   _____Falso

_____

Lección 5

A. From the three choices offered, select the one that best completes the statement or answers the question you hear and circle it.

1. (a) Una pluma azul.
   (b) Un diccionario bilingüe.
   (c) Una biblioteca nueva.

2. (a) estar de visita.
   (b) tomar el desayuno.
   (c) ir de vacaciones.

3. (a) ¡Qué lástima!
   (b) ¡Qué gusto!
   (c) ¡Qué fácil!

4. (a) pronto.
   (b) de acuerdo.
   (c) tarde.

5. (a) madre.
   (b) dependiente.
   (c) hermana.

B. The sentences you hear will offer an option of a form of **ser** of **estar**. Each sentence will be spoken twice. On the lines provided, write a complete sentence using either **ser** or **estar**.

1. _____
2. _____
3. _____
4. _____
5. _____
6. _____
7. _____
8. _____
9. _____
10. _____

C. Dictado. You will hear a short paragraph about Isabel's visit to the U.S. You will hear the narrative three times. Listen the first time, write what you hear the second time, and make any necessary corrections the third time.

_____
_____
_____
_____
_____
_____
_____

D. You will hear a series of statements about the conversation you just heard. Indicate in the space provided whether each statement is True **(Cierto)** or False **(Falso)**. If the statement is false, write the correct statement. Then you will hear the conversation again so you can check your answers.

1. _____Cierto   _____Falso

_____

2. _____Cierto   _____Falso

_____

3. _____Cierto   _____Falso

_____

4. _____Cierto   _____Falso

_____

5. _____Cierto   _____Falso

_____

Repaso 1

A. On the lines provided, write the words that belong to each category listed. Not all the words or expressions you hear will belong to the category mentioned, so listen carefully.

1. La familia _____

   _____

2. La librería _____

   _____

3. La universidad _____

   _____

4. El día _____

   _____

5. El viaje _____

   _____

6. El mundo _____

   _____

7. Los amigos _____

   _____

B. You will hear three words or phrases. In the space provided, write the one word or phrase that does NOT belong with the other two.

1. _____   7. _____

2. _____   8. _____

3. _____   9. _____

4. _____   10. _____

5. _____   11. _____

6. _____   12. _____

C. In the spaces provided, write down the opposite for the words your hear.

1. _____   6. _____
2. _____   7. _____
3. _____   8. _____
4. _____   9. _____
5. _____   10. _____

D. Write down the phrases you hear on the lines provided. You will hear each phrase three times. You may use Arabic numerals for the numbers.

1. _____
2. _____
3. _____
4. _____
5. _____
6. _____
7. _____
8. _____
9. _____
10. _____

E. Write in Spanish the information requested on the tape.

1. _____
2. _____
3. _____
4. _____
5. _____
6. _____

Lección 6

A. From the three choices offered, select the one that best completes the statement or answers the question you hear and circle it.

1. (a) la Facultad de Derecho.
   (b) la Facultad de Ingeniería.
   (c) la Facultad de Administración de Negocios.

2. (a) ¡Claro!
   (b) ¡Caramba!
   (c) ¡Qué gusto!

3. (a) No, tengo mucho dinero.
   (b) No, tengo poco dinero.
   (c) Sí, tengo que terminar mis estudios.

4. (a) la vez?
   (b) la carrera?
   (c) la radio?

B. On the lines provided, write a new sentence, using the information given.

1. _____

2. _____

3. _____

4. _____

5. _____

6. _____

C. On the lines provided, rephrase the sentences you hear, using direct object pronouns.

MODELO: Rita lee el libro. → **Rita lo lee.**

1. _____

2. _____

3. _____

4. _____

5. _____

6. _____

7. _____

D. Dictado. You will hear a short narrative read three times. Listen the first time, write what you hear the second time, and make any necessary corrections the third time.

_____

_____

_____

_____

_____

_____

_____

_____

_____

E. You will hear a series of statements about the conversation you just heard. Indicate in the space provided whether each statement is True **(Cierto)** or False **(Falso)**. If the statement is false, write the correct statement. Then you will hear the conversation again so you can check your answers.

1. _____Cierto   _____Falso

_____

2. _____Cierto   _____Falso

_____

3. _____Cierto   _____Falso

_____

4. _____Cierto   _____Falso

_____

5. _____Cierto   _____Falso

_____

Lección 7

A. From the three choices offered, select the one that best completes the statement or answers the question you hear and circle it.

1. (a) a precio fijo.
   (b) caras.
   (c) a precio especial.

2. (a) esa bolsa.
   (b) ese estilo.
   (c) ese modo.

3. (a) Lo siento mucho.
   (b) Me encanta.
   (c) ¡Cómo no!

4. (a) La falda.
   (b) Los calcetines.
   (c) La guayabera.

5. (a) Los escaparates.
   (b) Las camisetas.
   (c) Los vestidos.

B. On the lines provided, write a new sentence using the information given.

1. _____
2. _____
3. _____
4. _____
5. _____
6. _____
7. _____
8. _____

C. Dictado. You will hear a short paragraph about Elena's vacation with Marta. On the lines provided, write what you hear. You will hear the narrative three times. Listen the first time, write the second time, and make any necessary corrections the third time.

_____
_____
_____
_____
_____
_____
_____
_____
_____

D. You will hear a series of statements about the conversation you just heard. Indicate in the space provided whether each statement is True **(Cierto)** or False **(Falso)**. If the statement is false, write the correct statement. Then you will hear the conversation again so you can check your answers.

1. _____Cierto   _____Falso

_____

2. _____Cierto   _____Falso

_____

3. _____Cierto   _____Falso

_____

4. _____Cierto   _____Falso

_____

5. _____Cierto   _____Falso

_____

Lección 8

A. From the three choices offered, circle the one that best completes the statement or answers the question you hear and circle it.

1. (a) desayunarse.
   (b) almorzar.
   (c) cenar.

2. (a) la barba.
   (b) los ojos.
   (c) las manos.

3. (a) el bachillerato.
   (b) la residencia.
   (c) la facultad.

4. (a) acostarse.
   (b) llevar.
   (c) viajar.

5. (a) el Día de Acción de Gracias.
   (b) la Navidad.
   (c) el Día de las Madres.

B. In the spaces provided, write a negative response to the question asked, as in the model.

MODELO: ¿Piensan Uds. ir a Tijuana? → **No, no pensamos ir a Tijuana.**

1. _____
2. _____
3. _____
4. _____
5. _____
6. _____
7. _____
8. _____

C. On the lines provided, make a new sentence with each cue, following the models.

MODELOS: La abro. (Voy a) → **Voy a abrirla.**

Me pongo las gafas. (Necesito) → **Necesito ponerme las gafas.**

1. _____
2. _____
3. _____
4. _____
5. _____
6. _____

7. _____

8. _____

D. Dictado. You will hear a short ad in which somebody is seeking a traveling companion to share driving costs. On the lines provided, write what you hear. You will hear the ad three times. Listen the first time, write what you hear the second time, and make any necessary corrections the third time.

_____

_____

_____

_____

_____

_____

_____

_____

_____

_____

E. You will hear a series of statements about the conversation you just heard. Indicate in the spaces provided whether each statement is True **(Cierto)** or False **(Falso)**. If the statement is false, write the correct statement. Then you will hear the conversation again so you can check your answers.

1. _____Cierto   _____Falso

_____

2. _____Cierto   _____Falso

_____

3. _____Cierto   _____Falso

_____

4. _____Cierto   _____Falso

_____

5. _____Cierto   _____Falso

_____

6. _____Cierto   _____Falso

_____

Lección 9

A. From the three choices offered, select the one that best completes the statement or answers the question you hear and circle it.

1. (a) mirar una película.
   (b) escuchar música.
   (c) cantar una canción.

2. (a) anoche.
   (b) pasado mañana.
   (c) los sábados por la noche.

3. (a) ¡Qué casualidad!
   (b) ¡Buen viaje!
   (c) Vale.

4. (a) recuerdos.
   (b) pasados.
   (c) espectáculos.

B. In the spaces provided, answer each question negatively, using the preterit tense and substituting the correct object pronoun for the noun, as in the models.

MODELOS: ¿Lavas el coche? → **No, ya lo lavé.**

¿Cierra Tomás la puerta? → **No, ya la cerró.**

1. _____
2. _____
3. _____
4. _____
5. _____
6. _____
7. _____
8. _____

C. On the lines provided, write the affirmative version of the sentence you hear if it is negative, and the negative version of the sentence you hear if it is affirmative, as in the models.

MODELOS: Nadie llama ahora. → **Alguien llama ahora.**

Siempre le doy algo. → **Nunca le doy nada.**

1. _____
2. _____
3. _____
4. _____
5. _____
6. _____

7. _____

8. _____

9. _____

10. _____

D. **Dictado.** You will hear a short paragraph about a concert in Madrid. On the lines provided, write what you hear. You will hear the narrative three times. Listen the first time, write the second time, and make any corrections the third time.

_____

_____

_____

_____

_____

_____

_____

_____

_____

_____

_____

E. You will hear a series of statements about the conversation you just heard. Indicate in the space provided whether each statement is True **(Cierto)** or False **(Falso)**. If the statement is false, write the correct statement. Then you will hear the conversation again so you can check your answers.

1. _____Cierto   _____Falso

_____

2. _____Cierto   _____Falso

_____

3. _____Cierto   _____Falso

_____

4. _____Cierto   _____Falso

_____

5. _____Cierto   _____Falso

_____

6. _____Cierto   _____Falso

_____

Based on the segment of the conversation you just heard, indicate whether each statement is True or False.

1. Beatriz and Juanita are foreign students at the University of Madrid.

_____True   _____False

2. The two girls don't know Eduardo.

_____True   _____False

3. Beatriz and Juanita are on their way to dinner.

_____True   _____False

4. Eduardo introduces a friend, Vicente Morales.

_____True   _____False

5. Vicente and Eduardo take the girls to a political gathering.

_____True   _____False

6. The girls point out that things are somewhat different in the United States.

_____True   _____False

7. The waiter suggests a special type of coffee.

_____True   _____False

8. Beatriz insists on just having a glass of water.

_____True   _____False

9. Juanita decides to try the Spanish-style coffee.

_____True   _____False

10. Juanita asks for some vanilla ice cream.

_____True   _____False

11. Neither girl wants anything else.

_____True   _____False

12. The two boys decide to have a glass of wine.

_____True   _____False

13. The boys are obviously hungrier than the girls.

_____True   _____False

Lección 10

A. From the three choices offered, select the one that best completes the statement or answers the question you hear and circle it.

1. (a) En invierno.
   (b) En primavera.
   (c) En verano.

2. (a) Un río fresco.
   (b) Una tormenta tropical.
   (c) Una frontera peligrosa.

3. (a) Al mar Caribe en junio.
   (b) A Colorado en diciembre.
   (c) A Los Ángeles en marzo.

4. (a) el centro.
   (b) el campo.
   (c) la playa.

B. On the lines provided, write new sentences using the information given and making any other necessary changes, as in the model.

MODELO: Yo siempre iba a la escuela temprano. (Ayer) → **Ayer fui a la escuela temprano.**

1. _____
2. _____
3. _____
4. _____
5. _____
6. _____
7. _____
8. _____

C. On the lines provided, write the weather forecast for each of the indicated cities, using the information given. Follow the model.

MODELO: Nueva York: viento, nublado → **En Nueva York hace viento y está nublado.**

1. _____
2. _____
3. _____
4. _____
5. _____
6. _____

D. Dictado. You will hear María give a brief description of her trip to Mexico. On the lines provided, write what you hear. You will hear the narrative three times. Listen the first time, write the second time, and make any necessary corrections the third time.

_____

_____

_____

_____

_____

_____

_____

_____

_____

_____

_____

E. You will hear a series of statements about the conversation you just heard. Indicate in the space provided whether each statement is True **(Cierto)** or False **(Falso)**. If the statement is false, write the correct statement. Then you will hear the conversation again so you can check your answers.

1. _____Cierto   _____Falso

_____

2. _____Cierto   _____Falso

_____

3. _____Cierto   _____Falso

_____

4. _____Cierto   _____Falso

_____

5. _____Cierto   _____Falso

_____

6. _____Cierto   _____Falso

_____

Repaso 2

A. On the lines provided, write the words that belong to each category listed. You will hear the words only once. Not all the words or expressions you hear will belong to the category mentioned, so listen carefully.

1. La ropa _____

   _____

2. El tiempo _____

   _____

3. La familia _____

   _____

4. La música _____

   _____

5. La mañana _____

   _____

6. La comida _____

   _____

B. You will hear three words or phrases. In the space provided, write the one word or phrase that does NOT belong with the other two.

1. _____   7. _____

2. _____   8. _____

3. _____   9. _____

4. _____   10. _____

5. _____   11. _____

6. _____   12. _____

C. In the spaces provided, write the opposite for the words you hear.

1. _____   7. _____

2. _____   8. _____

3. _____   9. _____

4. _____   10. _____

5. _____   11. _____

6. _____   12. _____

167

Lección 11

A. From the three choices offered, select the one that best completes the statement or answers the question you hear and circle it.

1. (a) ¿Qué tiempo hace?
   (b) ¿Qué hora es?
   (c) ¿Qué vez es?

2. (a) un rato.
   (b) a tiempo.
   (c) a veces.

3. (a) un recibidor.
   (b) una cumbia.
   (c) un recado.

4. (a) María López de García.
   (b) María García López.
   (c) María García Ruiz.

5. (a) ¡Tengo mucha sed!
   (b) ¡Tengo mucha suerte!
   (c) ¡Tengo mucha hambre!

B. On the lines provided, write an affirmative answer to the questions you hear, using the subject indicated, as in the models.

MODELOS: ¿Aviso a Margarita? (Ud.) → **Sí, avise Ud. a Margarita.**

¿Dejo el tocadiscos aquí? (tú) → **Sí, deja el tocadiscos aquí.**

1. _____
2. _____
3. _____
4. _____
5. _____
6. _____

C. On the lines provided, answer the questions affirmatively or negatively, depending on the cue you see below. Pay careful attention to the placement of object pronouns. Follow the model.

MODELO: ¿Te espero en el centro? → **Sí, espérame en el centro.**

1. Sí, _____
2. Sí, _____
3. No, _____
4. Sí, _____
5. Sí, _____
6. No, _____

D. Dictado. You will hear a short paragraph. On the lines provided, write what you hear. You will hear the narrative three times. Listen the first time, write the second time, and make any necessary corrections the third time.

_____

_____

_____

_____

_____

_____

_____

_____

_____

E. You will hear a series of statements about the conversation you just heard. Indicate in the space provided whether each statement is True **(Cierto)** or False **(Falso)**. If the statement is false, write the correct statement. Then you will hear the conversation again so you can check your answers.

1. _____Cierto   _____Falso

_____

2. _____Cierto   _____Falso

_____

3. _____Cierto   _____Falso

_____

4. _____Cierto   _____Falso

_____

5. _____Cierto   _____Falso

_____

6. _____Cierto   _____Falso

_____

Lección 12

A. From the three choices offered, select the one that best completes the statement or answers the question you hear and circle it.

1. (a) la vista.
   (b) el ascensor.
   (c) el siglo.

2. (a) una cama.
   (b) una criada.
   (c) un garaje.

3. (a) mil pesetas.
   (b) cien pesetas.
   (c) un millón de pesetas.

4. (a) El cuatro de junio de mil novecientos setenta y seis.
   (b) El cuatro de julio de mil setecientos setenta y seis.
   (c) El cuatro de julio de mil seiscientos sesenta y seis.

B. Listen to the statement and the question that follows it. On the lines provided, write the response, according to the model.

MODELO: Ellos fueron a Granada en coche. ¿Cómo fueron Uds.? → **Nosotros también fuimos en coche.**

1. _____

2. _____

3. _____

4. _____

5. _____

C. **Dictado.** You will hear a short paragraph about travel. On the lines provided, write what you hear. You will hear the narrative three times. Listen the first time, write the second time, and make any necessary corrections the third time.

_____

_____

_____

_____

_____

_____

_____

_____

_____

_____

_____

D. You will hear a series of statements about the passage you just heard. You will also see the statements written below. Indicate in the space provided whether each statement is True **(Cierto)** or False **(Falso)**. After all five statements have been given to you, you will hear the passage again so you can check your answers.

1. Córdoba y Granada son ciudades de gran interés histórico.

    _____Cierto   _____Falso

2. Córdoba está en el norte de España.

    _____Cierto   _____Falso

3. Granada está en el sudeste de la península.

    _____Cierto   _____Falso

4. Córdoba fue muy importante durante la dominación musulmana.

    _____Cierto   _____Falso

5. La Alhambra fue construida por los árabes.

    _____Cierto   _____Falso

Lección 13

A. From the three choices offered, select the one that best completes the statement or answers the question you hear and circle it.

1. (a) A una joyería.
   (b) A una vitrina.
   (c) A una joya.

2. (a) Así es. Tienes cuidado.
   (b) Así es. Tienes razón.
   (c) Así es. Tienes fresco.

3. (a) volverlo.
   (b) envolverlo.
   (c) devolverlo.

4. (a) una hamaca.
   (b) un prendedor.
   (c) un paquete.

5. (a) En un par de semanas.
   (b) En la cuenta.
   (c) En el centro.

B. Listen to the question and write a response, following the model.

MODELO: ¿Vas a estar en la universidad hoy? → **No, estuve en la universidad ayer.**

1. _____
2. _____
3. _____
4. _____
5. _____
6. _____

C. Answer the questions affirmatively, using an object pronoun, as in the model.

MODELO: ¿Quién buscó las llaves ayer? → **Yo las busqué ayer.**

1. _____
2. _____
3. _____
4. _____
5. _____
6. _____

D. Dictado. You will hear a short paragraph about the Ramos' trip to Mexico. On the lines provided, write what you hear. You will hear the paragraph three times. Listen the first time, write the second time, and make any necessary corrections the third time.

_____

_____

_____

_____

_____

_____

_____

_____

_____

E. You will hear a series of statements about the passage you just heard. You will also see the statements written below. Indicate in the space provided whether each statement is True **(Cierto)** or False **(Falso)**. After all five statements have been given to you, you will hear the passage again so you can check your answers.

1. La península de Yucatán está entre el mar Caribe y el Océano Atlántico.

_____Cierto _____Falso

2. Yucatán fue el centro de la civilización maya.

_____Cierto _____Falso

3. Tenochtitlán fue la capital del Imperio Azteca.

_____Cierto _____Falso

4. Cozumel es famosa por sus ruinas precolombinas.

_____Cierto _____Falso

5. Muchos turistas visitan Isla Mujeres y Cancún.

_____Cierto _____Falso

Conversación 2

Based on the segment of the conversation you just heard, indicate whether each statement is True or False.

1. Spaniards usually eat lunch around twelve noon.

    _____True   _____False

2. The four friends go to a restaurant near the Plaza Mayor.

    _____True   _____False

3. The waiter offers a table near the door.

    _____True   _____False

4. Every Spanish region has a typical food specialty.

    _____True   _____False

5. Spanish tortillas are very similar to Mexican tortillas.

    _____True   _____False

6. One of the girls decides to try the "arroz con pollo."

    _____True   _____False

7. The two boys eat very light meals.

    _____True   _____False

8. All four friends decide to have dessert.

    _____True   _____False

9. The restaurant is known as one of the best in Madrid.

    _____True   _____False

10. The young people decide to eat supper there before going to the theater.

    _____True   _____False

Lección 14

A. From the three choices offered, select the one that best completes the statement or answers the question you hear and circle it.

1. (a) preocuparse.
   (b) pescar.
   (c) oír.

2. (a) abierta.
   (b) amable.
   (c) antigua.

3. (a) Yo tampoco.
   (b) Yo en fin.
   (c) Yo también.

4. (a) peluquería.
   (b) traje de baño.
   (c) piscina.

5. (a) alguna vez?
   (b) hace media hora?
   (c) poco después?

B. On the lines provided, write negative answers to the questions, as in the model. Be sure to use object pronouns where possible.

MODELO: ¿Ya les compraste los regalos? → **No, todavía no se los he comprado.**

1. _____

2. _____

3. _____

4. _____

5. _____

C. On the lines provided, answer the questions affirmatively, following the model.

MODELO: ¿Has escrito la carta? → **Sí, está escrita.**

1. _____

2. _____

3. _____

4. _____

5. _____

6. _____

D. Dictado. You will hear a short narrative about how the Ramos' spent their vacation in Cozumel. On the lines provided, write what you hear. You will hear the narrative three times. Listen the first time, write the second time, and make any necessary corrections the third time.

_____

_____

_____

_____

_____

_____

_____

_____

_____

_____

_____

_____

E. You will hear a series of statements about the passage which are also written below. Indicate in the space provided whether each statement is True **(Cierto)** or False **(Falso)**. After all statements have been given to you, you will hear the passage again so you can check your answers.

1. La península de Yucatán tiene ruinas de ciudades aztecas.

_____Cierto   _____Falso

2. Los mayas crearon en Cozumel la civilización más avanzada del Nuevo Mundo.

_____Cierto   _____Falso

3. Los mayas extendieron su dominio sobre toda la península de Yucatán y la mayor parte de Honduras y Guatemala.

_____Cierto   _____Falso

4. Hay magníficos ejemplos de la arquitectura maya en Chichén Itzá y Uxmal.

_____Cierto   _____Falso

5. Los mayas se distinguieron también en la escultura, la escritura jeroglífica y las matemáticas.

_____Cierto   _____Falso

Lección 15

A. From the three choices offered, select the one that best completes the statement or answers the question you hear and circle it.

1. (a) maní.
   (b) aficionado.
   (c) guía.

2. (a) deporte?
   (b) gimnasio?
   (c) equipo?

3. (a) en fin.
   (b) en punto.
   (c) en seguida.

4. (a) básquetbol.
   (b) estadio.
   (c) timbre.

5. (a) ¡Cuánto me alegro!
   (b) ¡No lo sé!
   (c) ¡Me acerco mucho!

B. On the lines provided, answer the questions affirmatively. Then give an alternate negative response, as in the model.

MODELO: ¿Van a ir Uds. al juego esta noche o van a regresar a la biblioteca? → **Nosotros iremos al juego; no regresaremos a la biblioteca.**

1. _____
2. _____
3. _____
4. _____
5. _____

C. On the lines provided, write contradictions to the statements made, using the conditional, as in the model.

MODELO: Voy a comprar una casa en México. → **¡Yo no compraría una casa en México!**

1. _____
2. _____
3. _____
4. _____
5. _____

D. Dictado. You will hear a short narrative about plans Jorge and Alberto have for going to a basketball game. On the lines provided, write what you hear. You will hear the narrative three times. Listen the first time, write the second time, and make any necessary corrections the third time.

_____

_____

_____

_____

_____

_____

_____

_____

_____

_____

_____

_____

E. You will hear a series of statements about the narrative you just heard. You will also see the statements written below. In the spaces provided, indicate whether each statement is True **(Cierto)** or False **(Falso)**. You will then hear the narrative again to verify your responses.

1. El béisbol es el deporte más popular del mundo.

   _____Cierto   _____Falso

2. El fútbol ha ganado mucha popularidad en los Estados Unidos.

   _____Cierto   _____Falso

3. La Copa Mundial de Fútbol se juega cada dos años.

   _____Cierto   _____Falso

4. Muchos jugadores de béisbol en las ligas norteamericanas son del Caribe.

   _____Cierto   _____Falso

5. El fútbol americano no tiene aficionados en Hispanoamérica.

   _____Cierto   _____Falso

Repaso 3

A. On the lines provided, write the words that belong to each category listed. You will only hear the words once. Not all the words or expressions you hear will belong to the category mentioned, so listen carefully.

1. Los deportes _____

   _____

2. La joyería _____

   _____

3. La ropa _____

   _____

4. Las personas _____

   _____

5. El restaurante _____

   _____

6. La fiesta _____

   _____

B. You will hear three words or phrases spoken once. In the space provided, write the one word or phrase that does NOT belong with the other two.

1. _____   9. _____

2. _____   10. _____

3. _____   11. _____

4. _____   12. _____

5. _____   13. _____

6. _____   14. _____

7. _____   15. _____

8. _____

C. In the spaces provided, write the opposite for the words you hear.

1. _____   7. _____

2. _____   8. _____

3. _____   9. _____

4. _____   10. _____

5. _____   11. _____

6. _____   12. _____

Lección 16

A. From the three choices offered, select the one that best completes the statement or answers the question you hear and circle it.

1. (a) el tobillo?
   (b) el cuello?
   (c) la nariz?

2. (a) la rodilla.
   (b) la garganta.
   (c) la oreja.

3. (a) los pulmones.
   (b) los zapatos.
   (c) los dedos.

4. (a) enfermera.
   (b) alérgica.
   (c) divertida.

5. (a) píldoras, paciencia y congestión.
   (b) tos, fiebre y dolor de cabeza.
   (c) jarabe, penicilina y sueño.

B. Answer the first question you hear negatively and the second question affirmatively, as in the models.

MODELOS: ¿Dormiste bien anoche? → **No, no dormí bien.**

¿Y tu compañero de cuarto? → **Él sí durmió bien.**

1. _____

_____

2. _____

_____

3. _____

_____

4. _____

_____

5. _____

_____

6. _____

_____

C. Answer each question first with an affirmative command and then with a negative command, as in the model.

MODELO: ¿Busco a Carolina más tarde o la busco ahora? → **Búscala más tarde; no la busques ahora.**

1. _____

2. _____

3. _____

4. _____

5. _____

6. _____

D. Dictado. You will hear a short narrative about a visit Rita and Jaime made to a friend in the hospital. On the lines provided, write what you hear. You will hear the narrative three times. Listen the first time, write the second time, and make any necessary corrections the third time.

_____

_____

_____

_____

_____

_____

_____

_____

_____

_____

_____

_____

E. You will hear a series of statements about the narrative you just heard. You will also see the statements written below. In the spaces provided, indicate whether each statement is True (**Cierto**) or False (**Falso**). You will then hear the narrative again to verify your responses.

1. La vida de los estudiantes en Hispanoamérica recuerda la vida de los estudiantes en las universidades de los Estados Unidos.

    _____Cierto   _____Falso

2. Por lo general, los estudiantes hispanos no viven en residencias.

    _____Cierto   _____Falso

3. En los Estados Unidos, la universidad es un centro de estudios y también un centro social.

    _____Cierto   _____Falso

4. En las universidades hispánicas, hay consejeros con quienes los estudiantes pueden hablar sobre sus problemas y sus planes futuros.

_____Cierto   _____Falso

5. La vida social del estudiante universitario en los países hispánicos gira principalmente alrededor de los deportes.

_____Cierto   _____Falso

Conversación 3

Based on the segment of the conversation you just heard, indicate whether each statement is True or False. You may take notes on the lines provided as you listen to what is being said.

_____

_____

_____

_____

1. Luis and Juan are going to Mexico City, the capital of the country.

   _____True   _____False

2. Luis asks a policeman to tell him where there is a motel.

   _____True   _____False

3. There are several motels nearby.

   _____True   _____False

_____

_____

_____

_____

4. The young men are not happy with the motel they chose.

   _____True   _____False

5. Juan inquires where they might park the car.

   _____True   _____False

6. The motel manager recommends a restaurant that is very close to the motel.

   _____True   _____False

_____

_____

_____

_____

7. Luis and Juan have to wait for a table.

   _____True   _____False

8. The waiter recommends that they start their meal with "**huevos rancheros.**"

   _____True   _____False

9. "**Mole de guajolote**" is one of the most famous dishes of Mexican cuisine.

_____True   _____False

10. Luis and Juan decide to go and eat somewhere else.

_____True   _____False

Lección 17

A. From the three choices offered, select the one that best completes the statement or answers the question you hear and circle it.

1. (a) una cita.
   (b) un barrio.
   (c) una batidora.

2. (a) la ganga?
   (b) el alquiler?
   (c) la almohada?

3. (a) novio.
   (b) mantel.
   (c) ordenador.

4. (a) De acuerdo.
   (b) De nada.
   (c) De veras.

5. (a) un dueño.
   (b) una tostadora.
   (c) un sillón.

B. On the lines provided, write an answer to the question, saying you don't want it to happen yet, as in the model.

MODELO: ¿Puedo regresar ahora? → **No, no quiero que regreses todavía.**

1. _____

2. _____

3. _____

4. _____

5. _____

6. _____

C. On the lines provided, answer each question negatively and then affirmatively, following the model.

MODELOS: ¿Quieres verlo tú? → **No, no quiero verlo; quiero que tú lo veas.**

¿Quieren verlo Uds.? → **No, no queremos verlo; queremos que Uds. lo vean.**

1. _____

2. _____

3. _____

4. _____

5. _____

6. _____

D. Dictado. You will hear a short narrative about Silvia and Alberto's marriage plans. On the lines provided, write what you hear. You will hear the narrative three times. Listen the first time, write the second time, and make any necessary corrections the third time.

_____

_____

_____

_____

_____

_____

_____

_____

_____

_____

E. You will hear a series of statements about the narrative you just heard. You will NOT see the statements written in your Lab Manual. In the spaces provided, indicate whether each statement is True (**Cierto**) or False (**Falso**). You will then hear the narative again to verify your responses.

1. _____Cierto   _____Falso
2. _____Cierto   _____Falso
3. _____Cierto   _____Falso
4. _____Cierto   _____Falso
5. _____Cierto   _____Falso

Lección 18

A. From the three choices offered, select the one that best completes the statement or answers the question you hear and circle it.

1. (a) Buscar un taxista.
   (b) Seguir adelante.
   (c) Avisar a la policía.

2. (a) un herido.
   (b) un conductor.
   (c) un carro.

3. (a) ¡Cuánto me alegro!
   (b) ¡Cuánto me canso!
   (c) ¡Cuánto me preocupa!

4. (a) Le fallarían los frenos.
   (b) Seguramente moderó la marcha.
   (c) Tendría que esperar mucho.

5. (a) el volante.
   (b) el tráfico.
   (c) el parabrisas.

B. On the lines provided, write a new sentence using the subjunctive in the dependent clause, as in the model.

MODELO: Juan va a la conferencia. (Me alegro de que) → **Me alegro de que Juan vaya a la conferencia.**

1. _____
2. _____
3. _____
4. _____
5. _____
6. _____
7. _____
8. _____

C. On the lines provided, respond in writing to the question you hear, using a logical statement such as **¡Cuánto me alegro de que...!** **Me extraña que...,** **Siento mucho que...,** or **Me molesta que....**

1. _____
2. _____
3. _____
4. _____
5. _____

6. _____

7. _____

8. _____

D. **Dictado.** You will hear a short description of Silvia and Alberto's problems. On the lines provided, write what you hear. You will hear the passage three times. Listen the first time, write the second time, and make any necessary corrections the third time.

_____

_____

_____

_____

_____

_____

_____

_____

_____

_____

_____

_____

E. You will hear a series of statements about the narrative you just heard. You will NOT see the statements written in your Lab Manual. In the spaces provided, indicate whether each statement is True (**Cierto**) or False (**Falso**). If the statement is false, write a correct statement on the lines provided. You will then hear the narrative again to verify your responses.

1. _____ Cierto _____ Falso

_____

2. _____ Cierto _____ Falso

_____

3. _____ Cierto _____ Falso

_____

4. _____ Cierto _____ Falso

_____

5. _____ Cierto _____ Falso

_____

6. _____ Cierto _____ Falso

_____

A. From the three choices offered, select the one that best completes the statement or answers the question you hear and circle it.

1. (a) un ascensor.   3. (a) se pone difícil.
   (b) un ascenso.   (b) se pone en marcha.
   (c) un agente.   (c) se pone nervioso.

2. (a) una beca.   4. (a) un gerente.
   (b) un empleado.   (b) un ingeniero.
   (c) una sucursal.   (c) un negocio.

B. On the lines provided, write out a new sentence using the cues you hear, as in the model.

MODELO: Es bueno trabajar. (que Uds.) → **Es bueno que Uds. trabajen.**

1. _____
2. _____
3. _____
4. _____
5. _____
6. _____
7. _____
8. _____

C. On the lines provided, combine the two sentences you hear, using **a quien** or **a quienes**, as in the model.

MODELO: Vimos a la joven. Es española. → **La joven a quien vimos es española.**

1. _____
2. _____
3. _____
4. _____

D. Dictado. You will hear a short narrative about a letter Miss White received and what she plans on doing with it. You will hear the passage three times. Listen the first time, write the second time, and make any necessary corrections the third time.

_____

_____

_____

_____

_____

_____

_____

_____

E. You will hear a series of statements about the narrative you just heard. You will NOT see the statements written in your Lab Manual. In the spaces provided, indicate whether each statement is True (**Cierto**) or False (**Falso**). If the statement is false, write a correct statement on the lines provided. You will then hear the narrative again to verify your responses.

1. _____Cierto   _____Falso

_____

2. _____Cierto   _____Falso

_____

3. _____Cierto   _____Falso

_____

4. _____Cierto   _____Falso

_____

5. _____Cierto   _____Falso

_____

6. _____Cierto   _____Falso

_____

7. _____Cierto   _____Falso

_____

8. _____Cierto   _____Falso

_____

Repaso 4

A. On the lines provided, write the words that belong to each category listed. You will hear the words once. Not all the words or expressions you hear will belong to the category mentioned, so listen carefully.

1. El cuerpo _____

   _____

2. El hospital _____

   _____

3. La casa _____

   _____

4. La boda _____

   _____

5. Los aparatos _____

   _____

6. El automóvil _____

   _____

7. El trabajo _____

   _____

B. You will hear three words or phrases spoken once. In the space provided, write the one word or phrase that does NOT belong with the other two.

1. _____   9. _____
2. _____   10. _____
3. _____   11. _____
4. _____   12. _____
5. _____   13. _____
6. _____   14. _____
7. _____   15. _____
8. _____

C. In the spaces provided, write the opposite for the words you hear.

1. _____   4. _____

2. _____   5. _____

3. _____   6. _____

Lección 20

A. From the three choices offered, select the one that best completes the statement or answers the question you hear and circle it.

1. (a) parada.
   (b) azafata.
   (c) vuelo.

2. (a) el asiento.
   (b) el pasajero.
   (c) el pasaporte.

3. (a) un boleto de ida y vuelta.
   (b) una lista de espera.
   (c) una línea interna.

4. (a) despedirse.
   (b) partir.
   (c) salir.

5. (a) no salen de viaje.
   (b) no hacen la maleta.
   (c) no quedan asientos.

B. On the lines provided, combine the two sentences you hear, using the conjunction suggested. Follow the model.

MODELO: Ana no partirá. Su familia le envía el dinero. (hasta que) → **Ana no partirá hasta que su familia le envíe el dinero.**

1. _____
2. _____
3. _____
4. _____
5. _____
6. _____

C. On the lines provided, write an alternate form of the sentence you hear, using a possessive pronoun. Follow the model.

MODELO: Tengo el libro de Ana. → **Tengo el suyo.**

1. _____
2. _____
3. _____
4. _____
5. _____
6. _____
7. _____
8. _____

D. Dictado. You will hear a short passage about Silvia and Alberto's honeymoon plans. On the lines provided, write what you hear. You will hear the passage three times. Listen the first time, write the second time, and make any necessary corrections the third time.

_____

_____

_____

_____

_____

_____

_____

_____

_____

_____

E. You will hear a series of statements about the narrative you just heard. In the spaces provided, indicate whether each statement is True (**Cierto**) or False (**Falso**). If the statement is false, write a correct statement on the lines provided. You will then hear the narrative again to verify your responses.

1. _____Cierto   _____Falso

_____

2. _____Cierto   _____Falso

_____

3. _____Cierto   _____Falso

_____

4. _____Cierto   _____Falso

_____

5. _____Cierto   _____Falso

_____

6. _____Cierto   _____Falso

_____

7. _____Cierto   _____Falso

_____

Lección 21

A. From the three choices offered, select the one that best completes the statement or answers the question you hear and circle it.

1. (a) unos guantes.
   (b) unas marcas.
   (c) unos consejos.

2. (a) Hasta la vista.
   (b) Todavía no.
   (c) Por otra parte.

3. (a) la cámara?
   (b) el paraguas?
   (c) el equipaje?

4. (a) la casa de correos.
   (b) una línea aérea.
   (c) un impermeable bueno.

5. (a) viajan por carro.
   (b) vale la pena.
   (c) se preocupan mucho.

B. On the lines provided, change the sentences from the present to the past, as in the model.

MODELO: Quieren que yo lleve un abrigo ligero. → **Querían que yo llevara un abrigo ligero.**

1. _____
2. _____
3. _____
4. _____
5. _____
6. _____
7. _____
8. _____

C. On the lines provided, respond affirmatively to the questions you are asked, as in the model.

MODELO: ¿Qué harías si consiguieras trabajo en España? ¿Vivir allí? → **Sí, si yo consiguiera trabajo en España, viviría allí.**

1. _____
2. _____
3. _____
4. _____
5. _____
6. _____

D. Dictado. You will hear a short narrative about Silvia and Alberto's encounter with José Soto. On the lines provided, write what you hear. You will hear the narrative three times. Listen the first time, write the second time, and make any necessary corrections the third time.

_____

_____

_____

_____

_____

_____

_____

_____

_____

_____

E. You will hear a series of statements about the narrative you just heard. In the spaces provided, indicate whether each statement is True (**Cierto**) or False (**Falso**). If the statement is false, write a correct statement on the lines provided. You will then hear the narrative again to verify your responses.

1. _____Cierto   _____Falso

_____

2. _____Cierto   _____Falso

_____

3. _____Cierto   _____Falso

_____

4. _____Cierto   _____Falso

_____

5. _____Cierto   _____Falso

_____

6. _____Cierto   _____Falso

_____

7. _____Cierto   _____Falso

_____

8. _____Cierto   _____Falso

_____

Conversación 4

Based on the segment of the conversation you just heard, indicate whether each statement is True or False. You may take notes on the lines provided as you listen to what is being said.

_____

_____

_____

_____

1. Luis and Juan got up too late for breakfast.

   _____True   _____False

_____

2. Luis drove almost the whole time the day before.

   _____True   _____False

_____

3. The two young men decide to stop and get gas.

   _____True   _____False

_____

_____

_____

_____

_____

4. Juan asks the gasoline station attendant to fill the tank.

   _____True   _____False

_____

5. Juan says there is no need to check the oil because the car is new.

   _____True   _____False

_____

6. Juan asks the attendant to check the air in all the tires.

_____True   _____False

_____

_____

_____

_____

_____

_____

7. Juan owes the attendant thirty-two thousand pesos.

_____True   _____False

_____

8. The attendant warns the young men that the highway is in very poor condition.

_____True   _____False

_____

9. Juan and Luis plan to stop frequently to see the scenery and take pictures.

_____True   _____False

_____

10. The attendant tells the young men that there are many places along the way to spend the night.

_____True   _____False

_____

Lección 22

A. From the three choices offered, select the one that best completes the statement or answers the question you hear and circle it.

1. (a) Es lástima.
   (b) Es extraño.
   (c) Es probable.

2. (a) ¡Que les vaya bien!
   (b) ¡Qué sorpresa!
   (c) ¡Qué va!

3. (a) ¡Buenas tardes!
   (b) ¡Buen apetito!
   (c) ¡Buen viaje!

4. (a) De acuerdo.
   (b) De vez en cuando.
   (c) De visita.

5. (a) Por ahora.
   (b) Por la noche.
   (c) Por lo común.

B. On the lines provided, make each of the commands you hear negative, as in the model.

MODELO: Solicitad las becas. → **No solicitéis las becas.**

1. _____
2. _____
3. _____
4. _____
5. _____
6. _____

C. On the lines provided, write a new sentence with the cue you hear.

1. _____
2. _____
3. _____
4. _____
5. _____
6. _____
7. _____
8. _____

D. Dictado. You will hear a short narrative about a group of students gathering for lunch before leaving the university for the summer. On the lines provided, write what you hear. You will hear the narrative three times. Listen the first time, write the second time, and make any necessary corrections the third time.

_____

_____

_____

_____

_____

_____

_____

_____

_____

_____

_____

E. You will hear a series of statements about the narrative you just heard. In the spaces provided, indicate whether each statement is True (**Cierto**) or False (**Falso**). If the statement is false, write a correct statement on the lines provided. You will then hear the narrative again to verify your responses.

1. _____Cierto   _____Falso

_____

2. _____Cierto   _____Falso

_____

3. _____Cierto   _____Falso

_____

4. _____Cierto   _____Falso

_____

5. _____Cierto   _____Falso

_____

Name_____

Section_____

Date_____

Repaso 5

A. On the lines provided, write the words that belong to each category listed. You will hear the words once. Not all the words or expressions you hear will belong to the category mentioned, so listen carefully.

1. El viaje _____

_____

2. La oficina _____

_____

3. El vuelo _____

_____

4. La ropa _____

_____

5. La fiesta de despedida _____

_____

B. You will hear three words or phrases spoken once. In the space provided, write the one word or phrase that does NOT belong with the other two.

1. _____   6. _____

2. _____   7. _____

3. _____   8. _____

4. _____   9. _____

5. _____   10. _____

C. In the spaces provided, write the opposite for the words you hear.

1. _____   4. _____

2. _____   5. _____

3. _____   6. _____

Laboratory Manual Answer Key

Lección preliminar

A. 1. abran
   2. comprendo
   3. cuidado
   4. escuchen

   5. español
   6. favor
   7. hasta
   8. libro

   9. luego
  10. regular
  11. repitan
  12. ustedes

B. 1. ¿Cómo se llama usted?
   2. Me llamo...
   3. ¿Cómo está usted?

   4. Bien, gracias.
   5. Buenos días.
   6. Mucho gusto.

C. 1. Antonio
   2. Isabel
   3. Luisa

   4. María
   5. Roberto

D. 1. An-to-nio
   2. I-sa-bel
   3. Lui-sa

   4. Ma-rí-a
   5. Ro-ber-to

Lección 1

A. 1. Hablamos con la señorita Martí.
   2. Pilar enseña español.
   3. Uds. preparan los ejercicios.
   4. El alumno necesita practicar más.
   5. ¿Qué lenguas estudia Mario?

B. 1. las lecciones de inglés
   2. los estudiantes de francés
   3. los profesores de portugués
   4. las clases de español
   5. los ejercicios de pronunciación
   6. las universidades en los Estados Unidos
   7. las casas de la profesora
   8. las conversaciones con el profesor

C. 1. El profesor no habla inglés; habla español.
   2. Mario no estudia español; estudia alemán.
   3. El profesor no enseña mal; enseña bien.
   4. Los estudiantes no estudian bastante; estudian poco.
   5. Pablo no practica el francés en clase; practica en casa.

D. 1. Cierto
   2. Falso
   3. Falso

   4. Falso
   5. Cierto

Lección 2

A. 1. Somos alumnos de español.
   2. ¿Qué hay en la pared?
   3. Tengo que aprender alemán.
   4. Señorita Molina, ¿es Ud. de Chile?
   5. Los franceses pronuncian bien el inglés.
   6. Hay unos estudiantes hispanoamericanos aquí.

B. 1. ¿Quién estudia alemán?
   2. ¿Cómo es el edificio?
   3. Creo que ella es argentina.

   1. ¿Qui-én es-tu-dia a-le-mán?
   2. ¿Có-mo e-s e-l e-di-fi-cio?
   3. Creo-que e-lla e-s ar-gen-ti-na.

C. 1. Luisa es inteligente también.
   2. La lección es interesante también.
   3. La profesora es buena también.
   4. El mapa es bonito también.
   5. Las ventanas son amarillas también.
   6. Los cuadernos son verdes también.

D. 1. Cierto
   2. Falso
   3. Falso

   4. Cierto
   5. Falso

Lección 3

A. 1. (b) Al mediodía.
   2. (a) Por la mañana.
   3. (a) compañeras de cuarto.
   4. (b) las siete y media.
   5. (c) en la biblioteca.

B. 1. Son las dos y media.
   2. Tomo el almuerzo a la una.
   3. Llego a clase a las nueve menos diez.
   4. Voy al laboratorio a las once y veinte.
   5. Regreso al cuarto a las cuatro menos cuarto.

C. 1. Carlos va a la cafetería.
   2. Ana y Pablo llegan de la biblioteca.
   3. Jorge regresa del restaurante.
   4. El apartamento es de la muchacha.
   5. Los cuadernos son de los estudiantes.

D. Marta no tiene clases el miércoles. Es un día muy agradable. Ella toma el desayuno a eso de las diez y entonces va al apartamento de Luisa, una compañera de clase. Las dos muchachas hablan y toman café hasta el mediodía. Hay un restaurante francés cerca de la universidad. Toman el almuerzo allí. Después del almuerzo, van a la biblioteca. Regresan a sus casas temprano.

E. 1. Falso
   2. Falso
   3. Cierto
   4. Cierto
   5. Falso

Lección 4

A. 1. (a) Marta Pérez González.
   2. (b) El desayuno.
   3. (a) En una librería.
   4. (c) Un periódico.

B. 1. Vamos a la librería.
   2. Quiero comprar un diccionario.
   3. Alberto sabe inglés y español.
   4. Miguel y yo queremos leer una revista española.
   5. Ellos vienen a nuestro apartamento el viernes.
   6. Muchos estudiantes reciben el periódico.

C. Hoy va a ser un día muy interesante. Por la tarde voy con Jorge a comprar un diccionario bilingüe. Su compañero Alberto es un dependiente en la librería extranjera. Después vamos a cenar en un restaurante argentino.

D. 1. Falso. Marta es una estudiante. (Marta es una alumna.)
   2. Cierto
   3. Falso. Marta prepara un artículo para su clase de inglés.
   4. Cierto
   5. Falso. Hay un artículo bueno para Marta en la revista *Newsweek*.
   6. Falso. Marta no tiene que ir a otra librería.

Lección 5

A. 1. (b) Un diccionario bilingüe.
   2. (c) ir de vacaciones.
   3. (a) ¡Qué lástima!
   4. (a) pronto.
   5. (c) hermana.

B. 1. Tomás es de Montevideo.
   2. Ahora está estudiando inglés.
   3. Él y yo estamos en la universidad.
   4. Somos compañeros de cuarto.
   5. Nuestro apartamento es muy grande.
   6. Sus padres son uruguayos también.
   7. Ellos están de visita por aquí.
   8. Ellos son muy agradables.
   9. La madre es muy guapa.
   10. Yo estoy contento con su visita.

C. ¡Hola! Me llamo Isabel. Estoy de visita en los Estados Unidos. ¿Conoce Ud. San Francisco? La ciudad es muy bonita. Hoy voy a ir en avión a Los Ángeles. ¿Sabe Ud. cuánto tiempo toma el viaje? Mis padres vienen en agosto por cuatro semanas. Entonces vamos a visitar a mi amiga Ana en Sacramento.

D. 1. Falso. (Pilar) Está en la Argentina.
   2. Cierto
   3. Falso. El hermano de Pilar vive en Buenos Aires.
   4. Cierto
   5. Cierto

Repaso 1

A. 1. la hermana, la hija, la mamá, el padre
   2. los libros, la revista, leer, el dependiente
   3. la biblioteca, los estudiantes, el laboratorio, la profesora, preguntar
   4. la tarde, la semana, la hora
   5. llegar, el horario, regresar, el pasaje
   6. el mapa, los países, conocer
   7. las cartas, las vacaciones, la compañera, el grupo

B. 1. el periódico   7. fácil
   2. el alumno   8. olvidar
   3. la capital   9. la frase
   4. la biblioteca   10. después
   5. el avión   11. contento
   6. difícil   12. también

C. 1. pequeño   6. cerca
   2. largo   7. tarde
   3. fácil   8. mal
   4. ir   9. bueno
   5. poco   10. aquí

D. 1. 7 días   6. 9 alumnas
   2. 12 meses   7. 11 alumnos
   3. 4 estaciones   8. 21 lecciones
   4. 31 años   9. 18 clases
   5. 20 estudiantes   10. 2 profesores

E. 1. lunes, martes, miércoles, jueves, viernes
   2. sábado, domingo
   3. (*Answers will vary.*)
   4. (*Answers will vary.*)
   5. (*Answers will vary.*)
   6. (*Answers will vary.*)

Lección 6

A. 1. (c) la Facultad de Administración de Negocios.
   2. (a) ¡Qué gusto!
   3. (b) No, tengo poco dinero.
   4. (c) la radio?

B. 1. Busco a la profesora de historia.
   2. Busco al dependiente.
   3. Ellos están mirando la fotografía de Diana.
   4. Ellas están mirando a los chicos.
   5. Escucha al profesor.
   6. Estamos esperando a mi hermano.

C. 1. Los estudiantes las ven.
   2. Mis amigos lo escuchan.
   3. Carlos y yo la miramos.
   4. Tomás los escribe.
   5. La conocemos.
   6. Lo busco.
   7. ¿Quién las escribe?

D. Hoy día gano mucho con mis negocios en esta ciudad, pero no estoy contento. Tengo que salir de casa muy temprano para llegar a la oficina. En la oficina no puedo trabajar porque llaman a la puerta o me llaman por teléfono muy a menudo. Creo que voy a buscar una carrera más interesante. No es necesario ganar mucho dinero. No es necesario trabajar largas horas todo el tiempo.

E. 1. Falso. Enriqueta ve a Tomás muy poco.
   2. Falso. Tomás está estudiando en la Facultad de Medicina.
   3. Cierto.
   4. Falso. Tomás sólo tiene tiempo para los estudios.
   5. Cierto.

Lección 7

A. 1. (c) a precio especial.   4. (c) La guayabera.
   2. (b) ese estilo.   5. (b) Las camisetas.
   3. (a) Lo siento mucho.

B. 1. Me gustan estos zapatos.
   2. Me gusta esta camiseta.
   3. ¿Te gustan las blusas?
   4. A Silvia no le gustan las vendedoras.
   5. Nos encantan tus amigos.
   6. No nos parece cara la casa.
   7. Les parecen muy agradables tus padres.
   8. Me encanta su ropa.

C. Elena pasa las vacaciones cerca de San Diego. El jueves por la noche llama a su amiga Marta, que vive en Tijuana. A Marta le encanta ir de compras. Al otro día, las dos amigas van al centro y entran en una tienda de ropa. Ven vestidos que están muy de moda y que dan a precios especiales. Les gusta el mismo vestido y compran uno azul y uno verde. A Marta le encanta el verde. ¡Salen de la tienda muy contentas!

D. 1. Cierto
   2. Falso. Alberto es el amigo de Tomás.
   3. Falso. Rita termina sus estudios en diciembre.
   4. Cierto
   5. Falso. Tomás va a ir a casa de Alberto a las diez.

Lección 8

A. 1. (b) almorzar.
   2. (c) las manos.
   3. (a) el bachillerato.
   4. (c) viajar.
   5. (b) la Navidad.

B. 1. No, no cuestan mucho estas gafas.
   2. No, no vuelvo a casa para almorzar.
   3. No, no cierran las tiendas temprano hoy.
   4. No, no almorzamos en la cafetería mañana.
   5. No, no encuentro buenos precios en esta tienda.
   6. No, no pongo los libros sobre la mesa.
   7. No, no nos sentamos enfrente del profesor.
   8. No, no suena el teléfono en la oficina.

C. 1. Puedo llamarlo.
   2. Tenemos que cerrarlas.
   3. Van a sentarse.
   4. Deseamos sentarnos.
   5. Quiero enseñarte las compras.
   6. ¿No va Ud. a decirle el precio?
   7. ¿No puedes mandarnos los periódicos?
   8. ¿No deseas escribirles a menudo?

D.   Busco una persona para ir en coche a San Diego. Salgo de San Francisco el jueves, veinte de diciembre, a las siete de la mañana. Pienso almorzar en San Luis Obispo y llegar a San Diego a eso de las seis de la tarde. Si desea hacer el viaje, llame a Jorge García, al 934–7125, después de las siete de la noche.

E. 1. Falso. Pilar y Jorge viajan juntos a San Diego.
   2. Cierto
   3. Falso. Pilar tiene familia en San Diego.
   4. Cierto
   5. Cierto
   6. Falso. Jorge y Pilar piensan llegar a San Diego esa noche.

Lección 9

A. 1. (b) escuchar música.   3. (a) ¡Qué casualidad!
   2. (c) los sábados por la noche.   4. (a) recuerdos.

B. 1. No, ya la llevé.
2. No, ya lo vi.
3. No, ya lo vendimos.
4. No, ya la preparé.

5. No, ya lo tomé.
6. No, ya las cantamos.
7. No, ya las abrió.
8. No, ya la escribimos.

C. 1. Jorge le escribe a alguien.
2. Yo no vi a nadie allí.
3. Tú tienes algo en la mano.
4. Alguien les trae algo a ellos.
5. Mi tía nunca le da nada a nadie.
6. Hay alguien en la casa.
7. No hay ninguna película más divertida.
8. Nadie compró nada.
9. Ningún hombre recordó el día.
10. Yo no sé nada tampoco.

D. El domingo por la noche, Jorge llevó a su amiga Alicia a un concierto de música popular. El concierto fue un éxito en los Estados Unidos. En España le gustó a todo el mundo también. Estoy seguro de que Uds. ya saben cómo se llama el cantante. Se llama Julio Iglesias y canta canciones preciosas en español y en inglés. Es muy popular y no sólo entre los jóvenes.

E. 1. Falso. Antonio y Marta fueron de compras el sábado.
2. Falso. Antonio compró algo en la tienda.
3. Falso. A Marta le encantó la película.
4. Cierto.
5. Falso. El sábado que viene ponen otra película.
6. Cierto.

Conversación 1

1. True
2. False
3. False
4. True
5. False
6. True
7. True

8. False
9. False
10. True
11. True
12. False
13. True

Lección 10

A. 1. (c) En verano.
2. (b) Una tormenta tropical.

3. (a) Al mar Caribe en junio.
4. (b) el campo.

B. 1. Todos los días regresábamos a las siete.
2. El mes pasado nevó mucho en las montañas.
3. Por lo común, yo cenaba en un restaurante español.
4. Esta mañana compré el periódico.
5. Todos los veranos estudiaban en Los Ángeles.
6. (Yo) siempre trabajaba en una librería.
7. Generalmente nos levantábamos a las seis.
8. Esa vez escuché las noticias.

C. 1. En Miami hace buen tiempo y hay sol (hace sol).
   2. En San Antonio hace mucho calor y el cielo está despejado.
   3. En Chicago está lloviendo (llueve) y hace fresco.
   4. En Los Ángeles hay niebla y hace setenta grados.
   5. En Atlanta hace mal tiempo y hay tormentas.
   6. En Washington es un día agradable y hay poca humedad.

D. El primer día que pasamos en Acapulco fue horrible. Como llovía mucho y hacía mucho viento, no fuimos a la playa. Pero al día siguiente, gozamos del buen tiempo. Durante el día hacía calor, pero de noche hacía fresco. Un día fuimos a las montañas y allí hacía frío. Había mucha niebla y había mucho lodo por todas partes.

E. 1. Falso. Cuando José era pequeño, vivía en el campo.
   2. Falso. José era pequeño cuando le mandaron a la escuela.
   3. Cierto
   4. Cierto
   5. Falso. La madre de José no era profesora.
   6. Cierto

Repaso 2

A. 1. los pantalones, la blusa, la talla, la tienda, el dinero
   2. la nube, el invierno, el frío, la tormenta
   3. el tío, el chico, el abuelo, la niñez
   4. el espectáculo, gozar, el baile, la película
   5. levantarse, desayunarse, comenzar, lavarse, afeitarse
   6. almorzar, cenar, barata, el precio

B. 1. divertido   7. el grado
   2. encontrar   8. correr
   3. tampoco   9. el viento
   4. la comedia   10. el lodo
   5. parecer   11. la playa
   6. la discoteca   12. la puerta

C. 1. cerrar   7. nada
   2. mucho   8. levantarse
   3. llevar   9. terminar
   4. caro   10. malo
   5. preguntar   11. alguien
   6. comprar   12. calor

Lección 11

A. 1. (b) ¿Qué hora es?   4. (a) María López de García.
   2. (a) un rato.   5. (b) ¡Tengo mucha suerte!
   3. (c) un recado.

214

B. 1. Sí, llame Ud. a Antonio.
   2. Sí, espera a Ana.
   3. Sí, ponga Ud. la música.
   4. Sí, vuelve a llamar.
   5. Sí, trae unos discos nuevos.
   6. Sí, siéntese Ud. allí.

C. 1. Sí, cómprenle Uds. algo a Elena.
   2. Sí, cómprale algo también.
   3. No, no le compres un disco.
   4. Sí, denle Uds. una fiesta.
   5. Sí, llévales empanadas.
   6. No, no les lleven Uds. bebidas también.

D. Mientras las chicas estudiaban en sus cuartos, sonó el teléfono. Elena estaba sentada en la sala, junto a la chimenea, y fue a contestarlo. Era Antonio, que quería hablar con Margarita. Como Margarita no estaba en su cuarto, Elena le preguntó a Antonio si quería dejarle algún recado. Antonio le contó a Elena que él y su compañero de cuarto tenían un tocadiscos nuevo y que pensaban dar una fiesta. A Elena le pareció una idea fantástica.

E. 1. Falso. Carlos tiene ganas de dar una fiesta y pasar un buen rato.
   2. Cierto
   3. Falso. El cumpleaños de Alberto es el domingo.
   4. Cierto
   5. Falso. Hay veintitrés personas en la clase de Carlos y Jorge.
   6. Cierto

Lección 12

A. 1. (b) el ascensor.
   2. (c) un garaje.
   3. (a) mil pesetas.
   4. (b) El cuatro de julio de mil setecientos setenta y seis.

B. 1. Nosotros también quisimos descansar.
   2. Nosotros también vinimos en una excursión.
   3. Yo también hice las reservas.
   4. Yo también decidí tomar el cuarto.
   5. Yo también dije que era cómodo.

C. La hermana de Alicia Martí hizo un viaje a Granada el año pasado. Fue con dos amigas de la universidad. Una de las muchachas, Isabel, tenía familia en España. El avión las llevó a Madrid y entonces decidieron ir hasta Granada en tren. Fueron a un hotel muy agradable cerca de una plaza. Allí conocieron a muchas personas de todo el mundo que también estaban de viaje por el país.

D. 1. Cierto
   2. Falso
   3. Cierto
   4. Cierto
   5. Cierto

Lección 13

A. 1. (a) A una joyería.
   2. (b) Así es. Tienes razón.
   3. (c) devolverlo.

   4. (b) un prendedor.
   5. (c) En el centro.

B. 1. No, lo hice ayer.
   2. No, tuve tiempo ayer.
   3. No, busqué a Diana ayer.

   4. No, almorcé con ella ayer.
   5. No, comencé a trabajar ayer.
   6. No, nos llevamos los paquetes ayer.

C. 1. Yo las saqué ayer.
   2. Yo lo practiqué ayer.
   3. Yo lo toqué ayer.

   4. Yo las entregué ayer.
   5. Yo la pagué ayer.
   6. Yo lo crucé ayer.

D. El año pasado los señores Ramos estuvieron en México un par de semanas. Durante ese viaje pudieron visitar las ruinas de Yucatán y otros lugares interesantes. Un día encontraron una joyería típica. La dependiente les mostró muchos artículos de oro y de plata. La señora Ramos quería comprar algo especial para sus dos hijas. El señor Ramos vio unas pulseras de plata que le gustaron mucho. Cuando regresaron a los Estados Unidos, les encantaron los regalos a sus hijas.

E. 1. Falso
   2. Cierto
   3. Cierto

   4. Falso
   5. Cierto

Conversación 2

1. False
2. True
3. False
4. True
5. False

6. True
7. False
8. True
9. True
10. True

Lección 14

A. 1. (b) pescar.
   2. (c) antigua.
   3. (a) Yo tampoco.

   4. (b) traje de baño.
   5. (a) alguna vez?

B. 1. No, todavía no se las he hecho.
   2. No, todavía no se los he entregado.
   3. No, todavía no se las he enseñado.
   4. No, todavía no se lo he dicho.
   5. No, todavía no se la he devuelto.

C. 1. Sí, están cobrados.
   2. Sí, está pagada.
   3. Sí, está abierto.

   4. Sí, está envuelto.
   5. Sí, están escritas.
   6. Sí, están puestas.

216

D. El año pasado los señores Ramos hicieron un viaje a México. Ellos fueron a Yucatán y pasaron una semana en la isla de Cozumel. Todas las mañanas ellos se levantaban temprano y bajaban a la playa; nadaban un rato, y luego se desayunaban. Después del desayuno, les gustaba sentarse en la arena y tomar el sol. Como se encontraban muy cansados, pasaban muchas horas en la playa, leyendo y descansando.

E. 1. Falso
   2. Falso
   3. Cierto
   4. Cierto
   5. Cierto

Lección 15

A. 1. (b) aficionado.
   2. (c) equipo?
   3. (b) en punto.
   4. (a) básquetbol.
   5. (a) ¡Cuánto me alegro!

B. 1. Nosotros iremos al cine; no miraremos la televisión.
   2. Nosotros cenaremos en un restaurante; no comeremos aquí.
   3. Iré a la fiesta; no estudiaré.
   4. Saldré temprano; no llegaré tarde.
   5. Ellos harán ejercicio; no alzarán las pesas.

C. 1. ¡Yo no ingresaría en la escuela de verano!
   2. ¡Yo no pondría la televisión antes de comenzar el partido!
   3. ¡Yo no diría los nombres de los jugadores!
   4. ¡Yo no iría al estadio en bicicleta!
   5. ¡Yo no le mostraría las canchas de tenis!

D. El sábado que viene, Jorge y yo iremos al partido de básquetbol. Yo compraré los boletos mañana por la mañana. Jorge y yo saldremos de casa a las doce menos cuarto. Tomaremos el almuerzo en la cafetería. Creo que varios amigos estarán allí también. Será necesario llegar al estadio antes de la una y media porque habrá mucha gente allí para el juego. Luis dijo que él vendría a nuestro apartamento a las once. Yo sabía que él haría eso. Algunos de los jugadores me dijeron anoche que sería un partido muy emocionante. Yo diría eso también.

E. 1. Falso
   2. Cierto
   3. Falso
   4. Cierto
   5. Falso

Repaso 3

A. 1. la pesca, la bicicleta, el equipo, la raqueta
   2. abierta, los aretes, el oro, la vitrina
   3. el cinturón, el traje de baño, pagar, el regalo
   4. amables, el esposo, la recepcionista
   5. la cocina, el hielo, el plato, el hambre
   6. el tocadiscos, el cumpleaños, las bebidas, puntual, la fecha

B. 1. el corredor
   2. el traje
   3. la cartera
   4. envolver
   5. el prendedor
   6. el llavero
   7. registrarse
   8. la toalla
   9. la vista
   10. la plaza
   11. el hielo
   12. la empanada
   13. el disco
   14. el postre
   15. la paella

C. 1. tarde
   2. nunca
   3. la última vez
   4. la esposa
   5. pequeño
   6. subir
   7. rápido
   8. viejo
   9. primero
   10. negro
   11. tampoco
   12. nadie

Lección 16

A. 1. (a) el tobillo?
   2. (b) la garganta.
   3. (c) los dedos.
   4. (b) alérgica.
   5. (b) tos, fiebre y dolor de cabeza.

B. 1. No, no sentí frío anoche. Ella sí sintió frío anoche.
   2. No, no pedí otra manta. Él sí pidió otra manta.
   3. No, no sentimos calor. Mis amigos sí sintieron calor.
   4. No, no pedimos un cuarto con aire acondicionado. Jaime sí pidió un cuarto con aire acondicionado.
   5. No, no nos divertimos en el cine. Laura sí se divirtió en el cine.
   6. No, no nos reímos mucho con la película. Luis sí se rió mucho con la película.

C. 1. Sácalas más tarde; no las saques ahora.
   2. Págala después; no la pagues ahora.
   3. Tócalo más tarde; no lo toques ahora.
   4. Crúzala después de ese coche; no la cruces ahora.
   5. Juega al tenis más tarde; no juegues ahora.
   6. Almuerza en un restaurante; no almuerces en la cafetería.

D.   Un domingo, después de asistir a Misa, Rita y Jaime fueron al hospital a visitar a una amiga suya. Ana se puso muy contenta cuando vio a sus amigos. Rita le dio a Ana unas flores que le habían traído. Ana les dijo a Rita y a Jaime que le dolía todo el cuerpo: la espalda, la garganta y el pecho. También tenía mucha fiebre y mucha tos. El médico le había recetado un jarabe y unas gotas para la nariz. A Ana no le divierte estar en el hospital y espera mejorarse pronto.

E. 1. Falso
   2. Cierto
   3. Cierto
   4. Falso
   5. Falso

Conversación 3

1. False
2. True
3. True
4. False
5. False

6. True
7. False
8. True
9. True
10. False

Lección 17

A. 1. (c) una batidora.
2. (b) el alquiler?
3. (a) novio.

4. (b) De nada.
5. (c) un sillón.

B. 1. No, no quiero que salgas todavía.
2. No, no quiero que vayas todavía.
3. No, no quiero que llames todavía.
4. No, no quiero que Uds. entren todavía.
5. No, no quiero que Uds. jueguen al tenis todavía.
6. No, no quiero que Uds. vengan todavía.

C. 1. No, no quiero conocerlo; quiero que tú lo conozcas.
2. No, no queremos saberlo; queremos que Uds. lo sepan.
3. No, no deseo invitarlas; deseo que tú las invites.
4. No, no deseamos traerlos; deseamos que Uds. los traigan.
5. No, no prefiero hacerlo; prefiero que tú lo hagas.
6. No, no preferimos tenerla; preferimos que Uds. la tengan.

D. Silvia y Alberto han decidido casarse este verano. Están buscando un apartamento; quieren que esté amueblado y que sea pequeño y barato. Silvia le muestra a su novio la lista de aparatos que necesitan para su casa. Algunos de los artículos son una batidora, una cafetera y una tostadora. También necesitan sábanas y mantas para la cama. Alberto le sugiere a Silvia que ponga los artículos en una lista de regalos que tiene en los almacenes.

E. 1. Cierto
2. Cierto
3. Falso

4. Falso
5. Cierto

Lección 18

A. 1. (c) Avisar a la policía.
2. (b) un conductor.
3. (a) ¡Cuánto me alegro!

4. (a) Le fallarían los frenos.
5. (c) el parabrisas.

B. 1. Nos alegramos de que el profesor Ramos nos dé una conferencia.
2. Me gusta que Inés venga a la conferencia con nosotros.
3. Estamos contentos de que Juan llegue temprano.
4. No me extraña que Roberto almuerce en la cafetería.
5. Sentimos que ellos no hablen en español.

6. Temo que los señores Soto no se diviertan.
7. Nos molesta que Alberto nunca diga la verdad.
8. Espero que tú tengas unas vacaciones magníficas.

C. 1. ¡Cuánto me alegro de que Silvia se case con Alberto!
2. Sentimos mucho que Ana esté en el hospital.
3. ¡Cuánto me alegro de que tu novia llegue mañana!
4. Nos extraña que Juan ya no te escriba.
5. Me molesta que Marta no te haya llamado.
6. ¡Cuánto nos alegramos de que Uds. hayan conseguido el apartamento!
7. Siento mucho que tus amigos hayan tenido un choque.
8. Nos extraña que tu familia no te haya dicho nada.

D. Silvia y Alberto quizás se casen el verano próximo, pero yo lo dudo. Ella necesita volver a su país y los padres de Alberto esperan que él siga sus estudios de medicina. Me extraña mucho que ellos tengan tantos problemas porque creo que ellos son muy felices. A Alberto no le gusta que Silvia vuelva a su país. También le molesta que sus padres no lo comprendan. Yo espero ver a Silvia mañana y le diré que se quede. No creo que ella me haga mucho caso, pero dudo que Alberto la deje ir. ¡Yo creo que sólo ellos deben decidir sus vidas!

E. 1. Cierto
2. Falso. La nota final depende, en general, de la nota que el estudiante saca en el examen final.
3. Cierto
4. Cierto
5. Falso. Para conseguir un puesto de catedrático, hay que ganar la *oposición*, un examen de forma especial.
6. Cierto

Lección 19

A. 1. (b) un ascenso.   3. (c) se pone nervioso.
2. (a) una beca.   4. (b) un ingeniero.

B. 1. Es difícil que Uds. vean al Sr. Ruiz.
2. Es importante que nosotros nos graduemos de la universidad.
3. Es más fácil que yo aprenda el español en Puerto Rico.
4. Es mejor que Uds. hagan la solicitud ya.
5. Es imposible que la Srta. White traduzca esos versos.
6. Es necesario que el candidato sea bilingüe.
7. Es preciso que tú escribas la carta ya.
8. Es posible que yo consiga un buen trabajo.

C. 1. Aquella chica a quien él conoce es una estudiante de esta universidad.
2. El Sr. Ruiz, a quien llamé, es el gerente de la empresa.
3. Aquellas jóvenes a quienes saludamos son secretarias de esta compañía.
4. Aquel señor, a quien conocí, es un ingeniero que trabaja en Puerto Rico.

D. La señorita White acaba de recibir una carta del gerente de una compañía que tiene una sucursal en Puerto Rico. El Sr. Ruiz, a quien conoció hace algunos meses, pregunta si conoce a alguien que pueda trabajar como agente en la isla. Cuando ella ve pasar a Miguel Ramos, lo llama y comienza a hablarle sobre la carta. Ella cree que es posible que le interese el puesto. Miguel, que se graduará de ingeniero en junio, le contesta que será necesario que él encuentre trabajo pronto.

E. 1. Cierto
2. Falso. La isla ha mantenido la tradición hispana en su lengua, su religión y sus costumbres.
3. Cierto
4. Cierto
5. Falso. La defensa y la política exterior son poderes que se reservan para el gobierno de los Estados Unidos.
6. Cierto
7. Cierto
8. Cierto

Repaso 4

A. 1. el brazo, enfermarse, la rodilla, el cuello
2. la ambulancia, la enfermera, los antibióticos, la fiebre
3. amueblada, alquilar, el barrio, la cocina
4. el anillo, la novia, casarse, la luna de miel, feliz
5. la aspiradora, eléctricos, la cafetera, la batidora, la plancha
6. la avería, el carnet, manejar, chocar, el tráfico
7. la empleada, el ascenso, el sueldo, el gerente

B. 1. la solicitud
2. obtener
3. la maquinaria
4. la ambulancia
5. la policía
6. calmarse
7. el ordenador
8. la sartén
9. el regalo
10. la lista
11. cercano
12. la pierna
13. la mesa
14. al menos
15. ir a pescar

C. 1. dormirse
2. poquísimo
3. el hombre
4. mejorarse
5. por la derecha
6. terminar

Lección 20

A. 1. (b) azafata.
2. (c) el pasaporte.
3. (a) un boleto de ida y vuelta.
4. (a) despedirse.
5. (c) no quedan asientos.

B. 1. Yo te digo las fechas para que tú hagas las reservas.
2. Queremos regresar en agosto antes de que comiencen las clases en la universidad.
3. Luis comprará los boletos cuando nosotros le demos el dinero.

4. Pasaremos una semana en Cuzco con tal que tengamos suficiente tiempo.

5. Haremos el viaje en julio aunque hace bastante frío durante ese mes.

6. Visitaremos otras ciudades en Suramérica a menos que el boleto de avión cueste mucho.

C. 1. Silvia tiene los suyos.
   2. Juan lleva la suya.
   3. Dame el tuyo, por favor.
   4. El suyo es de oro.
   5. El mío no es pequeño.
   6. Ponte la suya.
   7. La nuestra es argentina.
   8. Los nuestros llegan mañana.

D. Alberto y Silvia han decidido pasar su luna de miel en el Perú. Lo que quieren ver es Machu Picchu, la gran ciudad de piedra cerca de Cuzco. Buscan una agencia de viajes y escogen la del Sr. Ponce, el padre de un amigo suyo. Hay varios vuelos diarios, pero no van directos a Cuzco, sino a Lima. Les gustaría salir el quince de agosto, con tal que haya un vuelo de la mañana. Tienen que regresar el treinta de agosto, antes de que comiencen las clases.

E. 1. Falso. Los incas establecieron su capital en Cuzco en el siglo XIII.
   2. Cierto
   3. Falso. A unas horas en tren de Cuzco se hallan las ruinas de Machu Picchu.
   4. Falso. Los incas no conocían la rueda.
   5. Cierto
   6. Cierto
   7. Cierto

Lección 21

A. 1. (a) unos guantes.
   2. (b) Todavía no.
   3. (c) el equipaje?
   4. (b) una línea aérea.
   5. (b) vale la pena.

B. 1. Yo buscaba una cámara que me gustara.
   2. Mi hermano sentía mucho que no tuviera nada que hacer.
   3. No había nadie que pudiera ir a la estación conmigo.
   4. Era mejor que Uds. me llamaran a menudo.
   5. Nos alegramos de que ellos hicieran un viaje por el Perú.
   6. Yo no conocía a ningún estudiante que viviera en Quito.
   7. Lo llamé por teléfono para que viniera temprano.
   8. Tuvieron que bajar el precio antes de que yo lo comprara.

C. 1. Sí, si me pagaran bien, yo viviría en Puerto Rico.
   2. Sí, si yo pudiera hacer un viaje, me gustaría ir a Lima.
   3. Sí, si yo estuviera en Cozumel ahora, miraría el paisaje.
   4. Sí, si fuera verano ahora, yo practicaría el tenis y la natación.
   5. Sí, si yo no tuviera que estudiar esta noche, iría al teatro.
   6. Sí, si yo tuviera libre el próximo fin de semana, iría de compras.

D. Al salir de la casa de correos, Alberto y Silvia se encuentran con José Soto. José es un ingeniero cubano muy simpático que ha viajado mucho por Suramérica. Quieren pedirle algunos consejos porque salen para Suramérica la próxima semana. Si José lo hubiera sabido antes, los habría invitado a su casa para ver las transparencias de su último viaje. José sabe que si tuvieran una cámara, sacarían muchas fotos muy bonitas.

E. 1. Cierto
    2. Cierto
    3. Falso. Hay hermosas playas cerca de Viña del Mar.
    4. Cierto
    5. Cierto
    6. Cierto
    7. Falso. La Catedral de Sal se encuentra cerca de Bogotá.
    8. Cierto

Conversación 4

    1. False. Luis and Juan got up early and had breakfast.
    2. True
    3. True
    4. True
    5. False. Juan asks the attendant to check the oil because the car is old.
    6. True
    7. True
    8. False. The attendant says there are some narrow bridges and a few repairs going on, but the highway is generally in good condition.
    9. True
    10. True

Lección 22

A. 1. (c) Es probable.
    2. (a) ¡Que les vaya bien!
    3. (c) ¡Buen viaje!
    4. (a) De acuerdo.
    5. (b) Por la noche.

B. 1. No lo hagáis esta tarde.
    2. No enviéis por el equipaje.
    3. No os sentéis en el comedor.
    4. No os pongáis esas gafas.
    5. No os acerquéis a la esquina.
    6. No os vayáis con ellos.

C. 1. Yo quisiera llegar a ser gerente de una compañía.
    2. A Ana le gustaría almorzar en el centro hoy.
    3. Debiéramos esperar enfrente de la casa de correos.
    4. Él quisiera estudiar arquitectura.
    5. ¡Ojalá que Uds. tengan mucho éxito!
    6. Ellos debieran reunirse mañana.
    7. Yo quisiera que nos viéramos otra vez.
    8. ¿Pudiera yo conseguir un puesto en su compañía?

D. Al terminar sus exámenes y antes de salir de la universidad, varios compañeros se reúnen para almorzar. El restaurante les fue recomendado por Miguel Ramos, quien no pudo asistir a la reunión. Jorge, que es español, dice que si Miguel no estuviera tan ocupado preparándose para ir a Puerto Rico, habría almorzado con ellos. Beatriz dice que es hora de hablar sobre sus planes para el verano. Después de una conversación muy animada, Jorge anuncia que es hora de irse.

E. 1. Falso. Son muy numerosas las palabras españolas que se usan corrientemente en inglés.
   2. Cierto
   3. Falso. Palabras como *buckaroo* y *hoosegow* son de origen español.
   4. Cierto
   5. Falso. Palabras como **canoa, coyote** y **chocolate** son palabras que los españoles aprendieron de los indios.

Repaso 5

A. 1. el equipaje, la maleta, el pasajero, la agencia, despedirse
   2. la computadora, el plan, informar, la reunión, emplear
   3. aéreo, la azafata, la ida, una línea interna
   4. el abrigo, el guante, la marca, el impermeable, el suéter
   5. felicitar, reunirse, el pastel, animada

B. 1. el asiento   6. la duda
   2. la falta   7. la azafata
   3. el camarero   8. el consejo
   4. detener   9. la cámara
   5. el piropo   10. sin embargo

C. 1. recibir   4. la vuelta
   2. olvidar   5. el pasado
   3. despedirse   6. último